Duden

POCKET TEACHER **ABI**

Mathematik

7., aktualisierte Auflage

Fritz Kammermeyer
Roland Zerpies

Dudenverlag

Berlin

Bibliografische Information der Deutschen Nationalbibliothek
Die Deutsche Nationalbibliothek verzeichnet diese Publikation in der
Deutschen Nationalbibliografie; detaillierte bibliografische Daten sind
im Internet über http://dnb.dnb.de abrufbar.

© Duden 2022   D C B A

Bibliographisches Institut GmbH,
Mecklenburgische Straße 53, 14197 Berlin

Redaktionelle Leitung: David Harvie
Redaktion: Dr. Angelika Fallert-Müller, Michael Venhoff
Herstellung: Ditte Hoffmann
Umschlaggestaltung: 2issue, München
Layout / technische Umsetzung: LemmeDESIGN, Berlin
Sachzeichnungen: Lennart Fischer, Berlin
Druck und Bindung: AZ Druck und Datentechnik GmbH
Heisinger Straße 16, 87437 Kempten

Printed in Germany

ISBN 978-3-411-77122-6

Inhalt

Vorwort

Liebe Schülerinnen und Schüler,

auf der Zielgeraden zum Abitur in Mathematik soll Ihnen dieses Buch helfen, möglichst optimal vorbereitet und sicher in die anstehende Prüfung zu gehen.

Flankierend zu den persönlichen Aufzeichnungen bietet der Pocket Teacher Abi die perfekte Ergänzung zur effektiven Auffrischung und Festigung des Lernstoffs. Die komplexen Inhalte sind anhand von vielen Beispielen und Darstellungen anschaulich erklärt, klar gegliedert und auf das wirklich Wesentliche zusammengefasst.

Das umfangreiche Stichwortverzeichnis bietet außerdem die Möglichkeit, konkrete Fachbegriffe schnell zu finden und im Kontext zu verstehen.

Viel Erfolg bei den Prüfungen zum Abitur!
Ihr Dudenverlag

1 Funktionen

1.1 Quadratische Funktionen und Wurzelfunktionen

Die quadratischen Funktionen

> Eine Funktion $f: x \mapsto ax^2 + bx + c$, mit $a, b, c \in \mathbb{R}$ und $a \neq 0$ heißt
> *quadratische Funktion*.
> Ihre maximale Definitionsmenge ist $D_f = \mathbb{R}$ mit der Wertemenge
> $W_f = [c - \frac{b^2}{4a}; \infty[$ für $a > 0$ bzw. $W_f =]-\infty; c - \frac{b^2}{4a}]$ für $a < 0$.

Nullstellen

Eine quadratische Funktion f hat entweder keine, eine oder zwei Nullstellen
($f(x_0) = 0$). Die Anzahl der Nullstellen hängt vom Wert der *Diskriminante*
$D = b^2 - 4ac$ der zugehörigen quadratischen Gleichung $ax^2 + bx + c = 0$ ab.
Für $D < 0$ besitzt f keine Nullstelle.
Für $D = 0$ hat f genau eine Nullstelle: $x_0 = -\frac{b}{2a}$.
Für $D > 0$ gibt es genau zwei Nullstellen:
$$x_1 = \frac{-b + \sqrt{b^2 - 4ac}}{2a} \text{ und } x_2 = \frac{-b - \sqrt{b^2 - 4ac}}{2a}.$$
Besitzt f Nullstellen, so lässt sich $f(x)$ *in Faktoren zerlegen*:
$f(x) = a \cdot (x - x_0)^2$ bei einer (doppelten) Nullstelle x_0,
$f(x) = a \cdot (x - x_1) \cdot (x - x_2)$ bei zwei Nullstellen x_1 und x_2.

BEISPIELE

◆ $f(x) = x^2 + 2; D = 0^2 - 4 \cdot 1 \cdot 2 = -8 < 0 \Rightarrow f$ hat keine Nullstelle.
◆ $f(x) = 2x^2 - 4x + 2; D = 16 - 4 \cdot 2 \cdot 2 = 0 \Rightarrow f$ hat genau eine Nullstelle:
$x_0 = -\frac{-4}{2 \cdot 2} = 1$.
Faktorzerlegung: $f(x) = 2 \cdot (x - 1)^2$.
◆ $f(x) = 3x^2 - 3; D = 0 - 4 \cdot 3 \cdot (-3) = 36 > 0 \Rightarrow f$ hat genau zwei Nullstellen:
$x_1 = 1$ und $x_2 = -1$.
Faktorzerlegung: $f(x) = 3 \cdot (x - 1) \cdot (x + 1)$.

Graph

Der Graph ist eine Parabel mit $y = ax^2 + bx + c$. Für $a > 0$ ist die Parabel nach oben geöffnet, für $a < 0$ nach unten geöffnet. Je kleiner $|a|$, desto flacher verläuft sie. Der höchste (für $a < 0$) bzw. tiefste (für $a > 0$) Punkt der Parabel heißt *Scheitel* $S(s|t)$.

Es gilt: $S\left(-\dfrac{b}{2a} \middle| c - \dfrac{b^2}{4a}\right)$.

Der Graph ist symmetrisch zur Geraden $x = s$ durch den Scheitel. Liegt der Scheitel auf der x-Achse, d. h. $t = 0$, dann hat f genau eine doppelte Nullstelle.

Jede quadratische Funktion $f: x \mapsto ax^2 + bx + c$ mit $a, b, c \in \mathbb{R}$ und $a \neq 0$ lässt sich auf die *Scheitelform* $f: x \mapsto a(x - s)^2 + t$ mit $s, t \in \mathbb{R}$ bringen.

Der Graph G_f zu $f: x \mapsto a(x - s)^2 + t$ entsteht aus der Normalparabel durch Form- und Lageveränderungen (▶ S. 12 f.).

BEISPIELE

- $f_1: x \mapsto 0{,}5x^2 + 4x + 8 = 0{,}5(x + 4)^2$
  $S(-4|0)$; $W_f = [0; \infty[$; eine doppelte Nullstelle
- $f_2: x \mapsto x^2 + 1{,}5$
  $S(0|1{,}5)$; $W_f = [1{,}5; \infty[$; keine Nullstelle
- $f_3: x \mapsto -2x^2 + 16x - 29 = -2(x - 4)^2 + 3$
  $S(4|3)$; $W_f =]-\infty, 3]$; zwei Nullstellen

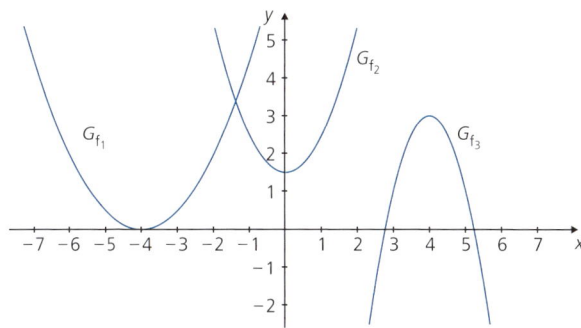

Bestimmung der Koordinaten des Scheitels $S(s|t)$

1. Möglichkeit: Einsetzen der Koeffizienten a, b und c in die allgemeine Form der Scheitelkoordinaten.

BEISPIEL $y = -2x^2 + 16x - 29$ (3. Beispiel oben):

$$s = -\frac{b}{2a} = -\frac{16}{2 \cdot (-2)} = 4, \quad t = c - \frac{b^2}{4a} = -29 - \frac{16^2}{4 \cdot (-2)} = 3;$$

Scheitel $S(4|3)$.

2. Möglichkeit: Aus der *Scheitelform* $y = a \cdot (x - s)^2 + t$ sind die Scheitelkoordinaten $S(s|t)$ ablesbar. Die Scheitelform erhält man aus der Normalform durch *quadratische Ergänzung.*

BEISPIEL

$y = -2x^2 + 16x - 29$	Ausklammern von -2
$= -2 \cdot (x^2 - 8x + 14,5)$	
$= -2 \cdot \left(x^2 - 8x + \left(\dfrac{8}{2}\right)^2 - \left(\dfrac{8}{2}\right)^2 + 14,5\right)$	Quadratische Ergänzung
$= -2 \cdot [(x-4)^2 - 1,5]$	Zusammenfassen des Binoms
$= -2 \cdot (x-4)^2 + 3.$	Ausmultiplizieren
Somit: $S(4|3)$.	

3. Möglichkeit: Bestimmung der 1. Scheitelkoordinate s als Nullstelle der Ableitung f' von f (▶ S. 34). Für die 2. Scheitelkoordinate t gilt: $t = f(s)$.
BEISPIEL $y = x^2 + 1,5$; (2. Beispiel ▶ S. 9):
Für die Ableitung gilt: $y' = 2x$; $y' = 0 \Rightarrow s = 0$; $t = f(0) = 1,5$.
Scheitel $S(0|1,5)$.

Die Wurzelfunktionen

Quadratische Funktionen sind auf $\mathbb{R}$ nicht umkehrbar, da sie nicht eineindeutig sind. Durch Einschränkung der Definitionsmenge auf Bereiche mit strenger Monotonie können abschnittsweise Umkehrfunktionen bestimmt werden.

Umkehrung der Quadratfunktion

AUGEN AUF! Die Quadratfunktion $f: x \mapsto x^2$ ist für die Einschränkungen auf $D_1 = [0; \infty[$ bzw. $D_2 =]-\infty; 0]$ umkehrbar.
$f_1: x \mapsto x^2$, $D_1 = [0; \infty[$:
Die Umkehrfunktion ist die *Wurzelfunktion* $g_1: x \mapsto \sqrt{x}$ mit $D = \mathbb{R}_0^+$ und $W = \mathbb{R}_0^+$.
Die Wurzelfunktion ist streng monoton zunehmend, ihr globales Minimum ist am Rand von D_1 bei $x = 0$.
$f_2: x \mapsto x^2$, $D_2 =]-\infty; 0]$:
Die Umkehrfunktion ist hier die Funktion $g_2: x \mapsto -\sqrt{x}$ mit $D = \mathbb{R}_0^+$ und $W = \mathbb{R}_0^-$. Sie ist streng monoton abnehmend, ihr globales Maximum ist am Rand von D_2 bei $x = 0$. Ihr Graph entsteht aus dem Graphen der Wurzelfunktion durch Spiegelung an der x-Achse.

Die Graphen von
$f: x \mapsto x^2$,
$g_1: x \mapsto \sqrt{x}$,
$g_2: x \mapsto -\sqrt{x}$

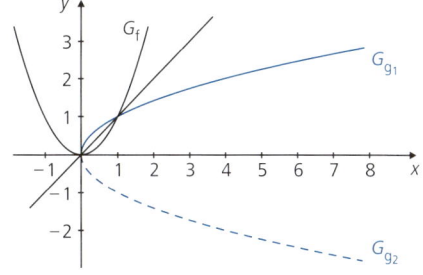

Umkehrungen quadratischer Funktionen

█ AUGEN AUF!   Die allgemeine quadratische Funktion
$f: x \mapsto ax^2 + bx + c$ mit $a, b, c \in \mathbb{R}$ und $a \neq 0$ ist für die Einschränkungen auf
die Bereiche $D_1 = \left[-\frac{b}{2a}; \infty\right[$ bzw. $D_2 = \left]-\infty; -\frac{b}{2a}\right]$ umkehrbar (die Bereiche
jeweils „links bzw. rechts vom Scheitel").

Die Vorschriften für die jeweilige Umkehrung erhält man aus der Funktionsgleichung $y = ax^2 + bx + c$ durch Auflösen nach x und anschließendem Variablentausch.

Thema: _____
Form- und Lageänderungen von Funktionsgraphen

1 Addition einer Konstanten zum Funktionsterm

$g(x) = f(x) + a, a \in \mathbb{R}\backslash\{0\}$
Der Graph G_g der Funktion g entsteht durch Verschiebung des Graphen G_f um $|a|$ in positive y-Richtung (also nach oben) für $a > 0$ und in negative y-Richtung (also nach unten) für $a < 0$.

BEISPIELE

◆ $f(x) = x^2$
◆ $g_1(x) = x^2 + 1,5$
◆ $g_2(x) = x^2 - 1$

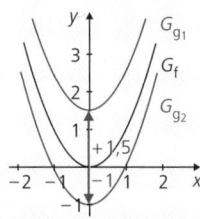

2 Addition einer Konstanten zum Argument der Funktion

$g(x) = f(x + b), b \in \mathbb{R}\backslash\{0\}$
Der Graph G_g der Funktion g entsteht durch Verschiebung des Graphen G_f um $|b|$ in negative x-Richtung (also nach links) für $b > 0$ und in positive x-Richtung (also nach rechts) für $b < 0$.

BEISPIELE

◆ $f(x) = x^2$
◆ $g_1(x) = (x + 1,5)^2$
◆ $g_2(x) = (x - 1)^2$

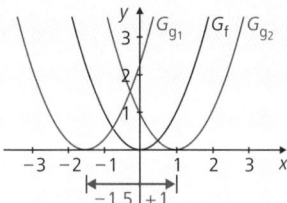

3 Multiplikation des Funktionsterms mit einer Konstanten

$g(x) = c \cdot f(x), c \in \mathbb{R}\backslash\{0\}$
Der Graph G_g der Funktion g entsteht durch eine Streckung oder Stauchung des Graphen G_f in y-Richtung. Dabei bleiben die Schnittpunkte mit der x-Achse (Nullstellen) erhalten.

Fallunterscheidung:

$c > 1$: Streckung parallel zur y-Achse; Streckfaktor c

$0 < c < 1$: Stauchung parallel zur y-Achse; Streckfaktor c

$-1 < c < 0$: Spiegelung an der x-Achse und anschließende Stauchung parallel zur y-Achse; Streckfaktor $|c|$

$c = -1$: Spiegelung an der x-Achse: $g(x) = -1 \cdot f(x) = -f(x)$

$c < -1$: Spiegelung an der x-Achse und anschließende Streckung parallel zur y-Achse; Streckfaktor $|c|$

BEISPIELE

- $f(x) = (x - 1)^2$
- $g_1(x) = 2(x - 1)^2$
- $g_2(x) = 0{,}5(x - 1)^2$
- $g_3(x) = -0{,}5(x - 1)^2$
- $g_4(x) = -(x - 1)^2$

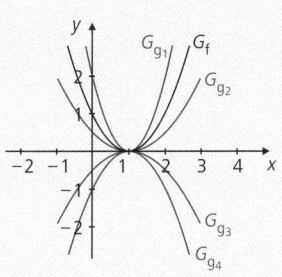

BEACHTE Die Graphen zu $y = c \cdot f(x)$ und $y = -c \cdot f(x)$ sind zueinander symmetrisch bezüglich der x-Achse.

4 Multiplikation des Arguments mit einer Konstanten

$g(x) = f(d \cdot x),\ d \in \mathbb{R}\setminus\{0\}$

Der Graph G_g der Funktion g entsteht durch eine Streckung oder Stauchung des Graphen G_f in x-Richtung. Dabei bleibt der Schnittpunkt mit der y-Achse erhalten. Fallunterscheidung:

$d > 1$: Stauchung parallel zur x-Achse; Streckfaktor $\frac{1}{d}$

$d = 1$: identische Abbildung

$0 < d < 1$: Streckung parallel zur x-Achse; Streckfaktor $\frac{1}{d}$

$-1 < d < 0$: Spiegelung an der y-Achse und anschließende Streckung parallel zur x-Achse; Streckfaktor $\left|\frac{1}{d}\right|$

$d = -1$: Spiegelung an der y-Achse: $g(x) = f(-1 \cdot x) = f(-x)$

$d < -1$: Spiegelung an der y-Achse und anschließende Stauchung parallel zur x-Achse; Streckfaktor $\left|\frac{1}{d}\right|$

BEISPIELE

- $f(x) = (x - 1)^2$
- $g_1(x) = (-2x - 1)^2$
- $g_2(x) = (0{,}5x - 1)^2$

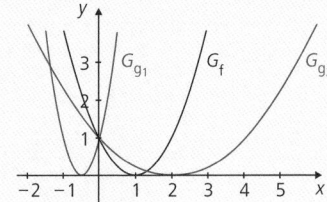

BEACHTE   Die Graphen zu $y = f(d \cdot x)$ und $y = f(-d \cdot x)$ sind zueinander symmetrisch bezüglich der y-Achse.

5 Betrag und Funktionsterm

Betrag des Funktionsterms: $g(x) = |f(x)|$

Der Graph G_g der Funktion g entsteht durch eine Spiegelung der unter der x-Achse liegenden Teile von G_f an der x-Achse. Dabei bleiben die Schnittpunkte mit der x-Achse erhalten.

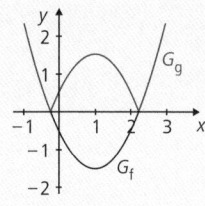

BEISPIEL $f(x) = x^2 - 2x - 0,5$;
$g(x) = |x^2 - 2x - 0,5|$

Betrag des Arguments: $g(x) = f(|x|)$

Den Argumenten x und $-x$ wird nun derselbe Funktionswert zugeordnet, der Graph G_g liegt symmetrisch zur y-Achse.

Entstehung des Graphen G_g aus dem Graphen G_f: Die links von der y-Achse liegenden Teile von G_f werden durch die Spiegelbilder (an der y-Achse) der rechts von der y-Achse liegenden Teile von G_f ersetzt. Der Schnittpunkt mit der y-Achse bleibt erhalten.

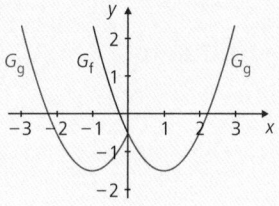

BEISPIEL
$f(x) = x^2 - 2x - 0,5$
$g(x) = |x|^2 - 2|x| - 0,5$

1.2 **Potenzfunktionen**

Potenzfunktionen mit natürlichen Exponenten

> Eine Funktion $f: x \mapsto x^n$, $n \in \mathbb{N}$, heißt **Potenzfunktion**. Ihr Graph heißt
> **Parabel n-ter Ordnung.** Die maximale Definitionsmenge ist $D_f = \mathbb{R}$.

BEISPIELE

◆ $f: x \mapsto x^2, f: x \mapsto x^4$

◆ $f: x \mapsto x^1, f: x \mapsto x^3, f: x \mapsto x^5$

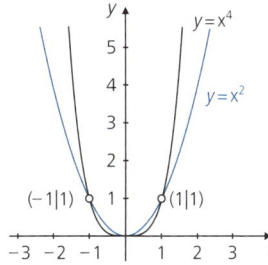
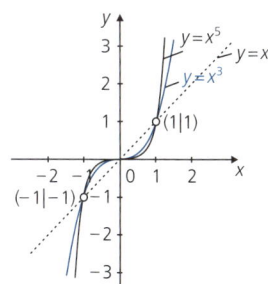

Eigenschaften

Für gerades *n*:	Für ungerades *n*:
Wertemenge $W_f = \mathbb{R}_0^+$	Wertemenge $W_f = \mathbb{R}$
$x = 0$ ist Nullstelle gerader Ordnung ohne Vorzeichenwechsel (▶ S. 22).	$x = 0$ ist Nullstelle ungerader Ordnung mit Vorzeichenwechsel (▶ S. 22).
Gerade Funktion $(f(-x) = f(x))$: Parabeln gerader Ordnung sind symmetrisch zur *y*-Achse.	Ungerade Funktion $(f(-x) = -f(x))$: Parabeln ungerader Ordnung sind punktsymmetrisch zum Ursprung.
Monotonie: In $]-\infty; 0]$ streng monoton abnehmend, in $[0; \infty[$ streng monoton zunehmend.	Monotonie: In $\mathbb{R}$ streng monoton zunehmend.
Globales Minimum bei $x = 0$.	Kein Extremum.

Potenzfunktionen mit ganzzahligen negativen Exponenten

> Eine Funktion $f: x \mapsto x^{-n}$, $n \in \mathbb{N}$, heißt ebenfalls **Potenzfunktion.** Ihr
> Graph heißt **Hyperbel n-ter Ordnung.** Eine Hyperbel besteht jeweils aus
> zwei Teilen, den Hyperbelästen.
> Die maximale Definitionsmenge ist $D_f = \mathbb{R}\backslash\{0\}$.

BEISPIELE

◆ $f: x \mapsto x^{-2}, f: x \mapsto x^{-4}$

◆ $f: x \mapsto x^{-3}, f: x \mapsto x^{-5}$

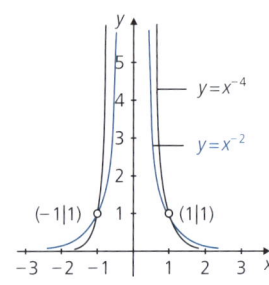

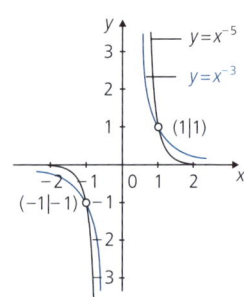

Eigenschaften

Für gerades *n*:	Für ungerades *n*:
Wertemenge $W_f = \mathbb{R}^+$	Wertemenge $W_f = \mathbb{R}\backslash\{0\}$
Keine Nullstelle.	Keine Nullstelle.
Gerade Funktion $(f(-x) = f(x))$: Eine Hyperbel gerader Ordnung ist symmetrisch zur y-Achse.	Ungerade Funktion $(f(-x) = -f(x))$: Eine Hyperbel ungerader Ordnung ist punktsymmetrisch zum Ursprung.
Monotonie: In $]-\infty; 0[$ streng monoton zunehmend, in $]0; \infty[$ streng monoton abnehmend.	Monotonie: In $]-\infty; 0[$ und in $]0; \infty[$ jeweils streng monoton abnehmend.
Für die Hyperbeln ist die x-Achse horizontale Asymptote für $x \mapsto \pm\infty$, die y-Achse vertikale Asymptote für $x \mapsto 0$ (▸ S. 25).	

Allgemeine Wurzelfunktion

> Eine Potenzfunktion $f: x \mapsto x^{\frac{1}{n}}$ mit $n \in \mathbb{N}$ und $n > 1$ heißt wegen $x^{\frac{1}{n}} = \sqrt[n]{x}$ (allgemeine) **Wurzelfunktion**. Ihre Definitionsmenge ist $D_f = \mathbb{R}_0^+$, die Wertemenge $W_f = \mathbb{R}_0^+$.

Die Funktion ist in $\mathbb{R}_0^+$ streng monoton zunehmend.
An der Nullstelle $x = 0$ befindet sich auch das globale Minimum.
Die Graphen der Wurzelfunktionen sind Parabeläste und gehen alle durch die Punkte $(0|0)$ und $(1|1)$.

BEISPIELE

♦ $y = x^{\frac{1}{2}}$

♦ $y = x^{\frac{1}{3}}$

♦ $y = x^{\frac{1}{4}}$

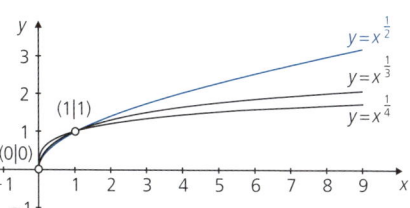

Umkehrbarkeit der Potenzfunktionen $x \mapsto x^n$

AUGEN AUF! Die Potenzfunktionen $f: x \mapsto x^n$ mit **geradem Exponenten** $n \in \mathbb{N}$ sind nicht eineindeutig in $D_f = \mathbb{R}$. Sie sind deshalb nur abschnittsweise in den Bereichen strenger Monotonie umkehrbar. Für die Umkehrung gilt:

Bereich	Potenzfunktion f	Umkehrfunktion f^{-1}	$D_{f^{-1}}$
$]-\infty; 0]$	$x \mapsto x^n$	$x \mapsto -x^{\frac{1}{n}} = -\sqrt[n]{x}$	$[0; \infty[$
$[0; \infty[$	$x \mapsto x^n$	$x \mapsto x^{\frac{1}{n}} = \sqrt[n]{x}$	$[0; \infty[$

BEISPIEL

$[0; \infty[$ | $f: x \mapsto x^4$ | $f^{-1}: x \mapsto x^{\frac{1}{4}} = \sqrt[4]{x}$ | $[0; \infty[$
Graph siehe oben.

Analog gilt bei negativen Exponenten für $f: x \mapsto x^{-n}$, $n \in \mathbb{N}$:

Bereich	Potenzfunktion f	Umkehrfunktion f^{-1}	$D_{f^{-1}}$
$]-\infty; 0[$	$x \mapsto x^{-n}$	$x \mapsto -x^{-\frac{1}{n}} = -\dfrac{1}{\sqrt[n]{x}}$	$]0; \infty[$
$]0; \infty[$	$x \mapsto x^{-n}$	$x \mapsto x^{-\frac{1}{n}} = \dfrac{1}{\sqrt[n]{x}}$	$]0; \infty[$

BEISPIEL

$]0; \infty[$ $\quad\big|\quad f: x \mapsto x^{-4}$ $\quad\Big|\quad f^{-1}: x \mapsto x^{-\frac{1}{4}} = \dfrac{1}{\sqrt[4]{x}}$ $\quad\big|\quad]0; \infty[$

Graph ▶ S. 20 (untere Abbildung).

Die Potenzfunktionen $f: x \mapsto x^n$ mit **ungeradem Exponenten** n sind eineindeutig auf $D_f = \mathbb{R}$. Sie sind deshalb in ganz $\mathbb{R}$ umkehrbar. Es gilt

für positive Exponenten:

$$f^{-1}: x \mapsto \begin{cases} x^{\frac{1}{n}} = \sqrt[n]{x}, & x \geq 0 \\ -|x|^{\frac{1}{n}} = -\sqrt[n]{|x|}, & x < 0 \end{cases}$$

für negative Exponenten:

$$f^{-1}: x \mapsto \begin{cases} x^{-\frac{1}{n}} = \dfrac{1}{\sqrt[n]{x}}, & x > 0 \\ -|x|^{-\frac{1}{n}} = -\dfrac{1}{\sqrt[n]{|x|}}, & x < 0 \end{cases}$$

BEISPIEL

$f: x \mapsto x^3$,

$$f^{-1}: x \mapsto \begin{cases} \sqrt[3]{x}, & x \geq 0 \\ -\sqrt[3]{|x|}, & x < 0 \end{cases}$$

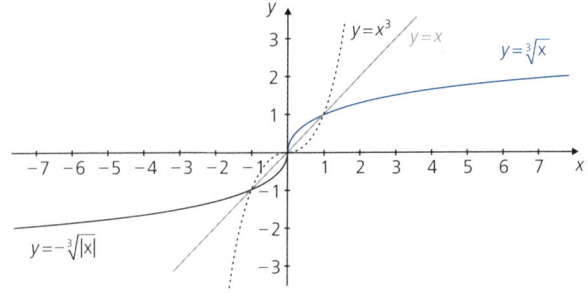

Thema:
Potenzfunktionen mit rationalen Exponenten

$f: x \mapsto x^{\frac{m}{n}}$, $\frac{m}{n}$ ist ein gekürzter Bruch ($m \in \mathbb{Z}$, $n \in \mathbb{N}$).

Eigenschaften	für $\frac{m}{n} > 0$	für $\frac{m}{n} < 0$
Maximale Definitionsmenge	$D_f = \mathbb{R}_0^+$	$D_f = \mathbb{R}^+$
Wertemenge	$W_f = \mathbb{R}_0^+$	$W_f = \mathbb{R}^+$
Graph	Parabel $\frac{m}{n}$-ter Ordnung	Hyperbel $\frac{m}{n}$-ter Ordnung
Nullstelle	$x = 0$	keine
Extremstelle	$x = 0$ (globales Minimum)	keine
Monotonie	in $\mathbb{R}_0^+$ streng monoton zunehmend	in $\mathbb{R}^+$ streng monoton abnehmend
Gemeinsame Punkte	(0|0), (1|1)	(1|1)
Asymptote	keine	x- und y-Achse

Die Funktionen $f: x \mapsto x^{\frac{m}{n}}$ und $g: x \mapsto x^{\frac{n}{m}}$ sind zueinander Umkehrfunktionen. Ihre Graphen liegen daher zueinander symmetrisch bezüglich der Geraden $y = x$ (Winkelhalbierende des I. und III. Quadranten).

BEISPIELE

♦ $y = x^{\frac{5}{2}}$ und $y = x^{\frac{2}{5}}$ ♦ $y = x^{-\frac{2}{3}}$ und $y = x^{-\frac{3}{2}}$

♦ $y = x^6$ und $y = x^{\frac{1}{6}}$ ♦ $y = x^{-4}$ und $y = x^{-\frac{1}{4}}$

Die Graphen verlaufen jeweils in den nicht weiß hinterlegten Bereichen.

Graphen bei positiven Exponenten:

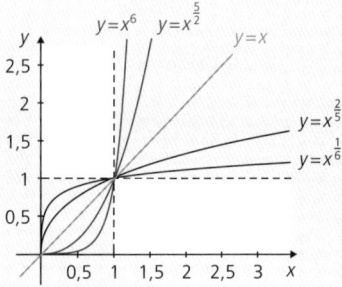

Graphen bei negativen Exponenten:

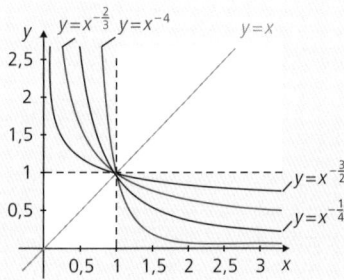

Weitergehend lassen sich Potenzfunktionen $f: x \mapsto x^r$, $r \in \mathbb{R}$, definieren. Deren Funktionswerte ergeben sich z. B. durch Intervallschachtelung mithilfe von Potenzen mit rationalen Exponenten. Es gilt: $D_f = \mathbb{R}^+$ und $W_f = \mathbb{R}^+$.

Aufgrund der Monotonieregel $\frac{m_1}{n_1} < r < \frac{m_2}{n_2} \Rightarrow x^{\frac{m_1}{n_1}} < x^r < x^{\frac{m_2}{n_2}}$ liegt

der Graph der Potenzfunktion $f: x \mapsto x^r$ im I. Quadranten

zwischen den Graphen mit $y = x^{\frac{m_1}{n_1}}$ und $y = x^{\frac{m_2}{n_2}}$.

Der I. Quadrant wird mit Ausnahme der Geraden $x = 1$ durch die Graphenschar der Potenzfunktionen $f: x \mapsto x^r$, $r \in \mathbb{R}$, vollständig überdeckt.

1.3 Polynomfunktionen

Ein Term $a_n x^n + a_{n-1} x^{n-1} + \ldots + a_1 x + a_0$, $n \in \mathbb{N}$, mit reellen Koeffizienten a_n, a_{n-1}, $\ldots$, a_1, a_0 heißt **Polynom**. Ist $a_n \neq 0$, so hat das Polynom den **Grad** n.
Eine Funktion $f: x \mapsto f(x)$, $D_f = \mathbb{R}$, mit dem Funktionsterm
$f(x) = a_n x^n + a_{n-1} x^{n-1} + \ldots + a_1 x + a_0$ nennt man **Polynomfunktion** oder **ganzrationale Funktion** n-ten Grades.
(Grad $f = n$ mit $a_n \neq 0$).

BEISPIELE
◆ Grad $f = 0$: Die konstante Funktion $f: x \mapsto a$, $a \in \mathbb{R}$.
◆ Grad $f = 1$: Lineare Funktion: $f: x \mapsto 3x + 4$.
◆ Grad $f = 5$: $f: x \mapsto -2x^5 + 4x^2 + 5x$.

Eigenschaften von Polynomfunktionen

Symmetrie

SATZ

Besitzt eine Polynomfunktion f mit $D_f = \mathbb{R}$ nur
◆ **geradzahlige Exponenten** (hierzu zählt auch die 0), dann gilt
$f(-x) = f(x)$ für alle $x \in \mathbb{R}$. f ist in diesem Fall eine gerade Funktion, ihr Graph ist achsensymmetrisch zur y-Achse.
◆ **ungeradzahlige Exponenten** und kein konstantes Glied a_0, dann gilt
$f(-x) = -f(x)$ für alle $x \in \mathbb{R}$. f ist in diesem Fall eine ungerade Funktion, ihr Graph ist punktsymmetrisch zum Ursprung.

BEISPIELE
◆ Gerade Funktion: $f: x \mapsto 2x^6 - x^2 + 1$.
◆ Ungerade Funktion: $f: x \mapsto -1{,}5x^7 + 4x^5 - 2x^3$.

Beschränktheit, Verhalten für $x \to \pm\infty$

SATZ

Ist eine Polynomfunktion f **gerade,** dann ist sie entweder nach oben oder unten beschränkt. Ist die Polynomfunktion f **ungerade,** dann ist sie nach oben und unten unbeschränkt.

Das Verhalten von f für $x \to \pm\infty$ wird allein durch das Glied $a_n x^n$ mit dem höchsten Exponenten von x bestimmt.

BEACHTE Es ist $\lim\limits_{x \to \pm\infty} f(x) = \text{„Vorzeichen von } a_n\text{''} \cdot \lim\limits_{x \to \pm\infty} x^n$.

BEISPIELE

◆ Die gerade Funktion:
$f: x \mapsto 2x^6 - x^2 + 1$ ist nach unten beschränkt, z. B. ist Null eine untere Schranke.
Es gilt: $\lim\limits_{x \to \infty} f(x) = \lim\limits_{x \to -\infty} f(x) = +\infty$.

◆ Die ungerade Funktion:
$g: x \mapsto -1{,}5x^7 + 4x^5 - 2x^3$ ist unbeschränkt. Es gilt:
$\lim\limits_{x \to -\infty} g(x) = +\infty$ und
$\lim\limits_{x \to +\infty} g(x) = -\infty$.

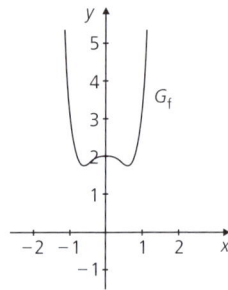

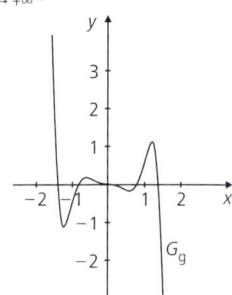

Nullstellen

Eine Polynomfunktion f mit dem Grad $f = n > 0$ hat höchstens n verschiedene Nullstellen.
Die Polynomfunktion $f: x \mapsto f(x) = a_n x^n + \ldots + a_1 x + a_0$ mit
$x \in \mathbb{R}$ hat bei x_0 genau dann eine Nullstelle, wenn das Polynom $f(x)$ durch $(x - x_0)$ teilbar ist.
Das heißt, es gibt eine Zerlegung des Polynoms in
$f(x) = (x - x_0) \cdot \left(b_{n-1} x^{n-1} + \ldots + b_1 x + b_0 \right)$ mit $b_{n-1} \neq 0$.

Lässt sich der Faktor $(x - x_0)$ k-mal ($k \in \mathbb{N}$) ausklammern, so heißt x_0 eine k-fache Nullstelle von f oder Nullstelle k-ter Ordnung.

BEACHTE   Anwendung zur Nullstellenbestimmung:
Ist eine Nullstelle von f bekannt, so kann der Term $f(x)$ durch ***Polynomdivision*** (▶ S. 23) im Grad reduziert werden. Dadurch lassen sich eventuell weitere Nullstellen leichter ermitteln.

BEISPIEL   Für $f: x \mapsto x^3 + x^2 - 5x + 3$, $x \in \mathbb{R}$, ist die Nullstelle $x_0 = 1$ bekannt. Polynomdivision ergibt:
$(x^3 + x^2 - 5x + 3) : (x - 1) = x^2 + 2x - 3$
$x^2 + 2x - 3 = (x - 1) \cdot (x + 3)$
Damit ergibt sich als Zerlegung von $f(x) = (x - 1)^2 \cdot (x + 3)$.
$x = 1$ ist also doppelte Nullstelle, $x = -3$ einfache Nullstelle von f.

Thema: _____
Polynomdivision

Bei der Polynomdivision geht man ähnlich vor wie beim schriftlichen Dividieren von Zahlen. Nach und nach werden Vielfache des Divisors vom Dividenden subtrahiert. Die Summanden des Quotienten erhält man schrittweise durch Division des jeweils noch vorhandenen „vordersten" Gliedes des Dividenden durch das erste Glied des Divisors.

BEISPIEL

$(6x^4 + 19x^3 + x^2 - 6x) : (3x^2 + 2x) = 2x^2 + 5x - 3$

$$6x^4 : 3x^2 = 2x^2 \text{ und damit:}$$

$$\underline{-(6x^4 + 4x^3)} \qquad (3x^2 + 2x) \cdot 2x^2 = \underline{6x^4 + 4x^3}$$

$$15x^3 + x^2 \qquad 15x^3 : 3x^2 = 5x \text{ und damit:}$$

$$\underline{-(15x^3 + 10x^2)} \qquad (3x^2 + 2x) \cdot 5x = \underline{15x^3 + 10x^2}$$

$$-9x^2 - 6x \qquad -9x^2 : 3x^2 = -3 \text{ und damit:}$$

$$\underline{-(-9x^2 - 6x)} \qquad (3x^2 + 2x) \cdot (-3) = \underline{-9x^2 - 6x}$$

$$0$$

Bleibt bei der Division ein „Restpolynom" $r(x)$, so steht im

Ergebnis noch der Bruch $\dfrac{\text{Restpolynom}}{\text{Divisorpolynom}}$.

BEISPIEL

$(3x^5 - 4x^4 + 3x^3 - x^2 + x - 1) : (x^2 + 1) = 3x^3 - 4x^2 + 3 + \dfrac{x-4}{x^2+1}$

$$3x^5 : x^2 = 3x^3 \text{ und damit:}$$

$$\underline{-(3x^5 \qquad + 3x^3)} \qquad (x^2 + 1) \cdot 3x^3 = \underline{3x^5 + 3x^3}$$

$$-4x^4 \qquad - x^2 \qquad -4x^4 : x^2 = -4x^2 \text{ und damit:}$$

$$\underline{-(-4x^4 \qquad - 4x^2)} \qquad (x^2 + 1) \cdot (-4x^2) = \underline{-4x^4 - 4x^2}$$

$$3x^2 + x - 1 \qquad 3x^2 : x^2 = 3 \text{ und damit:}$$

$$\underline{-(3x^2 \qquad + 3)} \qquad (x^2 + 1) \cdot 3 = \underline{3x^2 + 3}$$

$$x - 4$$

BEACHTE In beiden Polynomen (Dividend und Divisor) müssen die Summanden vor der Division nach ihrem Grad, also nach den Exponenten von x, in absteigender Reihenfolge geordnet sein.

1.4   Rationale Funktionen

> Sind $u(x)$ und $v(x)$ Polynome, dann heißt die Funktion
>
> $f: x \mapsto \dfrac{u(x)}{v(x)}$ **rationale Funktion.**
>
> (Dabei darf $v(x)$ nicht konstant null sein.)
>
> Ihre maximale Definitionsmenge ist $\mathbb{R}$ mit Ausnahme der Nullstellen des
> Nennerpolynoms $v(x)$: $D_f = \mathbb{R} \backslash \{x | v(x) = 0\}$.

BEISPIELE

◆ $f: x \mapsto \dfrac{x-1}{x+1}$; $D_f = \mathbb{R} \backslash \{-1\}$

◆ $f: x \mapsto \dfrac{x-3}{(x-2)(x-1)}$; $D_f = \mathbb{R} \backslash \{1; 2\}$

◆ $f: x \mapsto \dfrac{4x^2 + 6x - 3}{2} = 2x^2 + 3x - 1{,}5$; $D_f = \mathbb{R}$

Ist $v(x)$ eine Konstante, so ist f eine Polynomfunktion. Polynomfunktionen
gehören also zu den rationalen Funktionen, daher auch die Bezeichnung
ganzrationale Funktion. Ist eine rationale Funktion nicht ganzrational, heißt
sie *gebrochenrational.*

Eigenschaften rationaler Funktionen

Nullstellen

$f: x \mapsto \dfrac{u(x)}{v(x)}$ hat an der Stelle $x_0 \in D$ genau dann eine Nullstelle,

wenn $u(x_0) = 0$ und $v(x_0) \neq 0$.

Definitionslücken

An den Nullstellen des Nennerpolynoms $v(x)$ ist eine gebrochenrationale
Funktion nicht definiert. An einer solchen Definitionslücke x_0 besitzt f entweder eine *Polstelle* (oder *Unendlichkeitsstelle*) (▶ S. 26) oder eine *stetig
hebbare Definitionslücke* (▶ S. 26), wenn $\lim\limits_{x \to x_0} f(x) = c$, $c \in \mathbb{R}$.
Ist x_0 sowohl eine Nullstelle des Nenners $v(x)$ als auch eine Nullstelle des
Zählers $u(x)$, so kann der Funktionsterm $f(x)$ durch Kürzen des Faktors
$(x - x_0)$ vereinfacht werden. Nach wie vor ist aber $x_0 \notin D_f$.

Polstellen

x_0 ist genau dann eine *Polstelle* von f, wenn nach dem vollständigen Kürzen gilt: x_0 ist Nullstelle des Nenners, aber keine Nullstelle des Zählers. Ist x_0 k-fache ($k \in \mathbb{N}$) Nullstelle des gekürzten Nenners, so heißt x_0 k-fache Polstelle.

AUGEN AUF!   Die Funktion f wechselt an Polstellen ungerader Vielfachheit (k ist ungerade) ihr Vorzeichen, d.h. insbesondere: An Polstellen ungerader Vielfachheit haben die links- und rechtsseitigen Grenzwerte für $x \to x_0$ verschiedene Vorzeichen, an Polstellen gerader Vielfachheit gleiche Vorzeichen.

Asymptoten

Vertikale Asymptote: An einer Polstelle x_0 hat der Graph G_f von f die vertikale Asymptote $x = x_0$.

Für $x \to \pm\infty$ werden Asymptoten folgendermaßen bestimmt:

Horizontale Asymptote: Gilt $\lim\limits_{x \to \pm\infty} f(x) = c$, so hat G_f die horizontale Asymptote $y = c$.

BEACHTE   Erkennungsmerkmal: Ist der Grad des Zählerpolynoms kleiner oder gleich dem Grad des Nennerpolynoms, so existiert eine horizontale Asymptote.

Schräge Asymptote: Divergiert f für $x \to \pm\infty$, so kann $f(x)$ evtl. durch Polynomdivision (▶ S. 23) in einen ganzrationalen Teil $g(x)$ und einen gebrochen-rationalen Restteil $r(x)$ zerlegt werden: $f(x) = g(x) + r(x)$.

Für die Funktion $g: x \mapsto g(x)$ gilt dann: $\lim\limits_{x \to \pm\infty} [f(x) - g(x)] = 0$. Ist g eine lineare Funktion, dann heißt die Gerade $y = g(x)$ (schräge) Asymptote von G_f.

BEACHTE   Erkennungsmerkmal: Der Grad des Zählerpolynoms von f ist genau um 1 größer als der Grad des Nennerpolynoms.

Thema:
Untersuchung einer gebrochenrationalen Funktion

Betrachtet wird die Funktion $f: x \mapsto \dfrac{x^3 - x^2 - x + 1}{4x^2 + 16x + 12} = \dfrac{u(x)}{v(x)}$.

Bestimmung der Nullstellen von Nenner und Zähler

Nenner: $v(x) = 4x^2 + 16x + 12 = 0 \Leftrightarrow x = -3$ oder $x = -1$

Damit erhält man: $D_f = \mathbb{R} \setminus \{-3; -1\}$.

Zähler: $u(x) = x^3 - x^2 - x + 1 = 0 \Leftrightarrow u(x) = (x - 1)^2 \cdot (x + 1) \Leftrightarrow x = -1$ oder $x = 1$ (doppelte Nullstelle von u),
$x = 1$ ist (doppelte) Nullstelle von f, da $u(1) = 0$ und $v(1) \neq 0$.
$x = -1 \notin D_f$, also keine Nullstelle von f.

Vereinfachen von $f(x)$

Da $x = -1$ gemeinsame Nullstelle des Zählers und des Nenners ist, kann der Term $(x + 1)$ gekürzt werden. Für $x \in \mathbb{R} \setminus \{-3; -1\}$ ist

$$f(x) = \frac{x^3 - x^2 - x + 1}{4x^2 + 16x + 12} = \frac{(x - 1)^2 (x + 1)}{4(x + 3)(x + 1)} = \frac{(x - 1)^2}{4(x + 3)}.$$

Verhalten an den Definitionslücken

Lücke $x = -3$: (Einfache) Polstelle, da $x = -3$ (einfache) Nullstelle des Nenners, jedoch keine Nullstelle des Zählers $(x - 1)^2$ ist.

Verhalten an der Polstelle:
$$\lim_{\substack{x \to -3 \\ x < -3}} f(x) = -\infty \text{ und } \lim_{\substack{x \to -3 \\ x > -3}} f(x) = +\infty$$

Lücke $x = -1$: Stetig hebbare Definitionslücke, da
$$\lim_{\substack{x \to -1 \\ x < -1}} f(x) = \lim_{\substack{x \to -1 \\ x > -1}} f(x) = +0,5.$$

Bei $x = -1$ hat der Graph G_f eine Lücke.

Bestimmung der Asymptoten

Vertikale Asymptote $x = -3$ (Polstelle)

Da der Grad des Zählerpolynoms von f genau um 1 größer ist als der Grad des Nennerpolynoms, existiert eine schräge Asymptote, die man durch Polynomdivision erhält:

$$(x-1)^2 : [4(x+3)] = (x^2 - 2x + 1):(4x + 12) = \frac{1}{4}x - \frac{5}{4} + \frac{16}{4x + 12}.$$

Es gilt also für f: $f(x) = \frac{1}{4}x - \frac{5}{4} + \frac{16}{4x + 12} = g(x) + r(x)$ mit

$g(x) = \frac{1}{4}x - \frac{5}{4}$ und $r(x) = \frac{16}{4x + 12}$.

Wegen $\lim\limits_{x \to \pm\infty} [f(x) - g(x)] = \lim\limits_{x \to \pm\infty} [r(x)] = \lim\limits_{x \to \pm\infty} \frac{16}{4x + 12} = 0$

ist die Gerade g: $y = \frac{1}{4}x - \frac{5}{4}$ schräge Asymptote von G_f.

Berechnung weiterer Funktionswerte

Wertetabelle:

x	-10	-7	-4	$-3,5$	$-2,5$	$-0,5$	4	6
$f(x)$	$-4,3$	-4	$-6,25$	$-10,1$	$6,1$	$0,2$	$0,3$	$0,7$

Zeichnung des Graphen unter Verwendung der bisherigen Ergebnisse

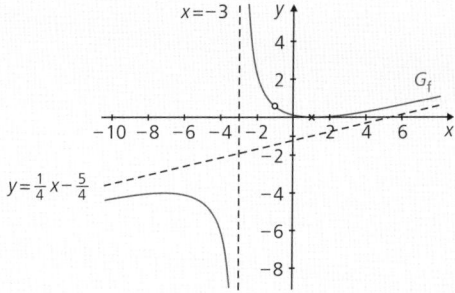

Genauere Untersuchungen (z. B. hinsichtlich der Extrempunkte) können in einer Kurvendiskussion erfolgen.

1.5   Exponential- und Logarithmusfunktionen

Exponentialfunktionen

> Eine Funktion $f: x \mapsto a^x$ mit $a \in \mathbb{R}^+\backslash\{1\}$ heißt **Exponentialfunktion**. Die maximale Definitionsmenge ist $D_f = \mathbb{R}$, die Wertemenge ist dann $W_f = \mathbb{R}^+$.

BEISPIELE

◆ $f: x \mapsto 2^x$, $f: x \mapsto 8^x$

◆ $f: x \mapsto \left(\dfrac{1}{2}\right)^x$, $f: x \mapsto \left(\dfrac{1}{8}\right)^x$

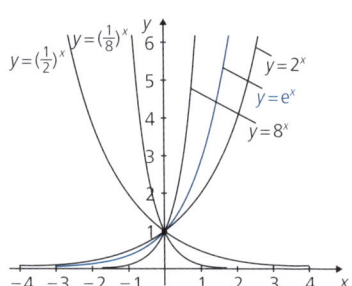

◆ Natürliche Exponentialfunktion oder e-Funktion
$f: x \mapsto e^x$ mit e = 2,7182818…
(Euler'sche Zahl).

Eigenschaften

◆ **Nullstellen:** Exponentialfunktionen haben keine Nullstelle.
◆ **Gemeinsamer Punkt** aller Exponentialkurven ist $(0|1)$.
◆ **Monotonie:** Die Exponentialfunktionen sind in ganz $\mathbb{R}$
für $0 < a < 1$ streng monoton abnehmend,
für $a > 1$ streng monoton zunehmend.
Es existieren keine Extrema.
◆ **Asymptote:** Die x-Achse ist Asymptote der Exponentialkurven. Es gilt für
$0 < a < 1$: $\lim\limits_{x \to \infty} a^x = 0$ und für $a > 1$: $\lim\limits_{x \to -\infty} a^x = 0$.
◆ **Uneigentliche Grenzwerte:** Es ist für $0 < a < 1$: $\lim\limits_{x \to -\infty} a^x = \infty$ und für
$a > 1$: $\lim\limits_{x \to \infty} a^x = \infty$.
◆ **Zusammenhang von Graphen:** Die Graphen mit den Funktionsgleichungen $y = a^x$ und $y = \left(\dfrac{1}{a}\right)^x = a^{-x}$ sind zueinander achsensymmetrisch bezüglich der y-Achse.
◆ **Zusammenhang mit der e-Funktion:**
Wegen $a^x = (e^{\ln a})^x = e^{x \cdot \ln a}$ lässt sich jede Exponentialfunktion $x \mapsto a^x$ auf die e-Funktion zurückführen.
◆ **Anwendung der Exponentialfunktionen:** Wachstumsprozesse (z. B. bei Bakterienkulturen) oder Abklingprozesse (z. B. beim radioaktiven Zerfall), bei denen die prozentuale Änderung in gleichen Zeiträumen (zumindest annähernd) konstant ist, können durch Exponentialfunktionen beschrieben werden. Damit sind Exponentialfunktionen – besonders die e-Funktion – sehr bedeutsam bei der mathematischen Modellierung von in der Natur ablaufenden Prozessen.

Logarithmusfunktionen

> Eine Funktion $f: x \mapsto \log_a x$ mit $a \in \mathbb{R}^+\backslash\{1\}$ heißt **Logarithmusfunktion**.
> Die maximale Definitionsmenge ist $D_f = \mathbb{R}^+$, die Wertemenge ist dann
> $W_f = \mathbb{R}$.

BEISPIELE

- $f: x \mapsto \log_2 x$
- $f: x \mapsto \log_{10} x$
- $f: x \mapsto \log_{\frac{1}{2}} x$
- Natürliche Logarithmus-
  funktion
  $f: x \mapsto \log_e x = \ln x$ mit
  der Basis $e = 2,7182818\ldots$
  (Euler'sche Zahl).

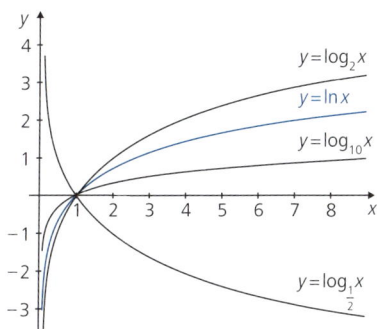

Eigenschaften von Logarithmusfunktionen

- **Nullstelle:** $x_0 = 1$ für alle Logarithmusfunktionen
- **Gemeinsamer Punkt** aller Logarithmuskurven ist $(1|0)$.
- **Monotonie:** Die Logarithmusfunktionen sind in ganz $\mathbb{R}^+$ für $0 < a < 1$ streng monoton abnehmend, für $a > 1$ streng monoton zunehmend. Es existieren keine Extrema.
- **Asymptote:** Die y-Achse ist vertikale Asymptote der Logarithmuskurven. Es gilt
  für $0 < a < 1: \lim\limits_{\substack{x \to 0 \\ x > 0}} \log_a x = +\infty$ und für $a > 1: \lim\limits_{\substack{x \to 0 \\ x > 0}} \log_a x = -\infty$.
- **Uneigentliche Grenzwerte:** Es ist
  für $0 < a < 1: \lim\limits_{x \to \infty} \log_a x = -\infty$ und für $a > 1: \lim\limits_{x \to \infty} \log_a x = \infty$.
- **Zusammenhang von Graphen:** Die Graphen mit den Funktionsgleichungen $y = \log_a x$ und $y = \log_{\frac{1}{a}} x$ sind zueinander symmetrisch bezüglich der x-Achse.
- **Zusammenhang mit der ln-Funktion:** Da $\log_a x = \dfrac{1}{\ln a} \cdot \ln x$
  (Umrechnung bei Basiswechsel), lässt sich jede Logarithmusfunktion $x \mapsto \log_a x$ auf die ln-Funktion zurückführen.

Zusammenhang zwischen Exponential- und Logarithmus-funktionen

Exponentialfunktionen $f: x \mapsto a^x$ und Logarithmusfunktionen $g: x \mapsto \log_a x$ sind jeweils Umkehrfunktionen zueinander. Die Graphen liegen symmetrisch zur Geraden $y = x$.

BEISPIELE

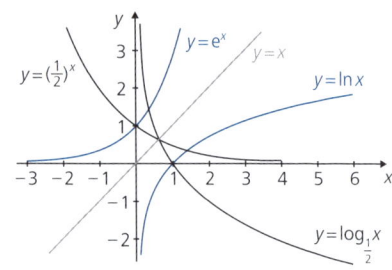

◆ $f_1: x \mapsto \left(\dfrac{1}{2}\right)^x$

und $g_1: x \mapsto \log_{\frac{1}{2}} x$

◆ $f_2: x \mapsto e^x$

und $g_2: x \mapsto \ln x$.

1.6 Trigonometrische Funktionen

Sinus- und Kosinusfunktion

> Die Funktion sin: $x \mapsto \sin x$, $x \in \mathbb{R}$, heißt **Sinusfunktion,** ihr Graph **Sinuskurve.** Die Funktion cos: $x \mapsto \cos x$, $x \in \mathbb{R}$, heißt **Kosinusfunktion,** ihr Graph **Kosinuskurve.**
> x ist dabei im Bogenmaß angegeben.
> sin und cos besitzen die maximale Definitionsmenge $D = \mathbb{R}$, die Wertemenge ist dann jeweils $W = [-1; 1]$. sin und cos sind periodisch mit der Periodenlänge $p = 2\pi$ (kleinste Periode).
> Jede Zahl $k \cdot 2\pi$ ($k \in \mathbb{Z}$) ist ebenfalls eine Periode.

◆ Graphen

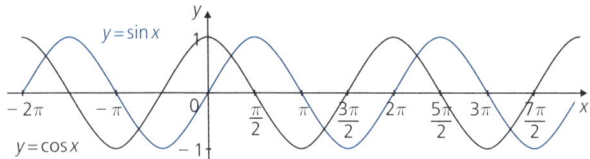

Weitere Eigenschaften
a) Sinusfunktion:
◆ **Nullstellen:** $x_k = k \cdot \pi$, $k \in \mathbb{Z}$
◆ **Extrema:** lokale Maxima bei $x_k = (2k + 0{,}5) \cdot \pi$, lokale Minima bei $x_k = (2k - 0{,}5) \cdot \pi$ mit $k \in \mathbb{Z}$.

- **Monotonie:** sin ist zwischen den Extrema streng monoton:
  streng monoton zunehmend in $[(2k - 0{,}5) \cdot \pi; (2k + 0{,}5) \cdot \pi]$,
  streng monoton abnehmend in $[(2k + 0{,}5) \cdot \pi; (2k + 1{,}5) \cdot \pi]$.
- **Symmetrie:** sin ist eine ungerade Funktion: Für alle $x \in \mathbb{R}$ gilt
  $\sin(-x) = -\sin x$. Die Sinuskurve ist somit punktsymmetrisch zum Ursprung. Außerdem ist die Sinuskurve punktsymmetrisch zu allen Schnittpunkten mit der x-Achse und achsensymmetrisch zu den senkrechten Geraden
  $x = (k + 0{,}5) \cdot \pi$ durch die Extrempunkte.

b) **Kosinusfunktion:**
- **Nullstellen**: $x_k = (k + 0{,}5) \cdot \pi$, $k \in \mathbb{Z}$
- **Extrema:** lokale Maxima bei $x_k = 2k \cdot \pi$, lokale Minima bei
  $x_k = (2k - 1) \cdot \pi$ mit $k \in \mathbb{Z}$.
- **Monotonie:** cos ist zwischen den Extrema streng monoton:
  streng monoton zunehmend in $[(2k - 1) \cdot \pi; 2k \cdot \pi]$,
  streng monoton abnehmend in $[2k \cdot \pi; (2k + 1) \cdot \pi]$.
- **Symmetrie:** cos ist eine gerade Funktion: Für alle $x \in \mathbb{R}$ gilt $\cos(-x) = \cos x$.
  Die Kosinuskurve ist somit achsensymmetrisch zur y-Achse. Weiter ist die Kosinuskurve punktsymmetrisch zu allen Schnittpunkten mit der x-Achse und achsensymmetrisch zu den senkrechten Geraden $x = k \cdot \pi$ durch die Extrempunkte.

Tangensfunktion

> Die Funktion tan: $x \mapsto \tan x = \frac{\sin x}{\cos x}$ heißt **Tangensfunktion,** ihr Graph **Tangenskurve.** Sie besitzt die maximale Definitionsmenge
> $D = \mathbb{R}\backslash\{x | x = (k + 0{,}5) \cdot \pi, k \in \mathbb{Z}\}$ mit der Wertemenge $W = \mathbb{R}$.
> tan ist periodisch mit der Periodenlänge $p = \pi$ (kleinste Periode).
> Jede Zahl $k \cdot \pi$ ($k \in \mathbb{Z}$) ist ebenfalls eine Periode.

- **Graph**

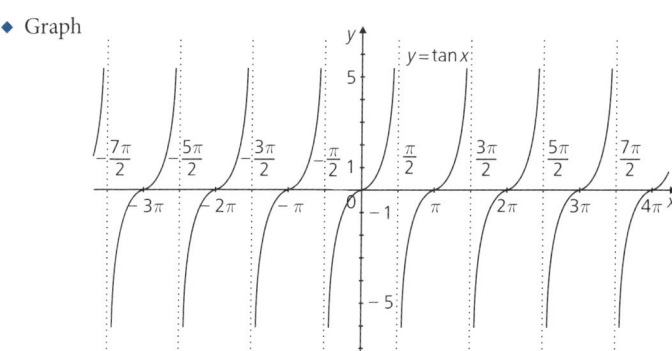

Weitere Eigenschaften

◆ **Nullstellen:** $x_k = k \cdot \pi$, $k \in \mathbb{Z}$

◆ **Unendlichkeitsstellen und Asymptoten:** Die Definitionslücken
$x_k = (k + 0{,}5) \cdot \pi$, $k \in \mathbb{Z}$, sind Unendlichkeitsstellen mit
$\displaystyle\lim_{\substack{x \to x_k \\ x < x_k}} \tan x = +\infty$ und $\displaystyle\lim_{\substack{x \to x_k \\ x > x_k}} \tan x = -\infty$.
Die Geraden mit $x_k = (k + 0{,}5) \cdot \pi$, $k \in \mathbb{Z}$, sind vertikale Asymptoten.

◆ **Monotonie:** tan ist in den Intervallen
$](k - 0{,}5) \cdot \pi; (k + 0{,}5) \cdot \pi[$, $k \in \mathbb{Z}$, zwischen den Definitionslücken jeweils
streng monoton zunehmend. tan besitzt keine Extrema.

◆ **Symmetrie:** tan ist eine ungerade Funktion: $\tan(-x) = -\tan x$. Die Tangenskurve ist somit punktsymmetrisch zum Ursprung, sowie zu allen Schnittpunkten mit der x-Achse.

Differentialrechnung

2.1 Differenzierbarkeit

Differenzierbarkeit an einer Stelle

Ausgangpunkt der Überlegungen zur Differenzierbarkeit einer Funktion f ist das Steigungsverhalten ihres Graphen G_f.

Dazu wird die Steigung der Sekante durch einen Punkt $P_0(x_0|f(x_0))$ und einen weiteren Punkt $P(x|f(x))$ des Graphen untersucht.

$f: x \mapsto y = f(x)$ ist dazu in einer Umgebung $U_\delta(x_0)$ von x_0 definiert.

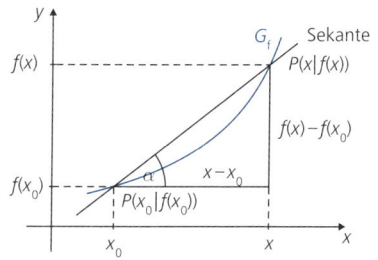

Differenzenquotient

> Der Term $m_S = \dfrac{f(x) - f(x_0)}{x - x_0}$ mit $x \neq x_0$ heißt **Differenzenquotient**
>
> der Funktion f bezüglich x_0. Er gibt die Steigung m_S der Sekante durch die Punkte $P(x|f(x))$ und $P_0(x_0|f(x_0))$ des Graphen G_f an.
>
> Für den **Neigungswinkel** α der Sekante gilt: $\tan \alpha = m_S$.

Besitzen die Steigungen der Sekanten durch den festen Punkt $P_0 \in G_f$ einen Grenzwert m, wenn sich der andere Sekantenschnittpunkt P auf dem Graphen P_0 annähert, so heißt die Gerade durch P_0 mit diesem Grenzwert m als Steigung die *Tangente* im Punkt P_0 an den Graphen G_f.

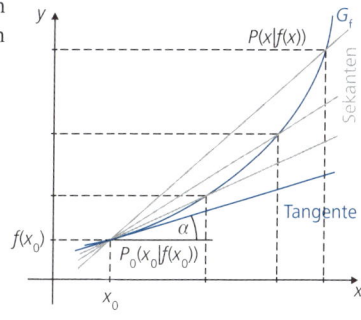

Differentialquotient

Eine Funktion $f: x \mapsto f(x)$, $x \in D_f$, heißt an der Stelle x_0 im Innern von D_f **differenzierbar** genau dann, wenn der Grenzwert

$\lim\limits_{x \to x_0} \dfrac{f(x) - f(x_0)}{x - x_0}$ des Differenzenquotienten existiert.

Dieser Grenzwert heißt **Differentialquotient** oder **Ableitung** der Funktion f an der Stelle x_0 und wird mit $\boldsymbol{f'(x_0)}$ bezeichnet (lies: „f Strich von x_0").

Schreibweisen: $f'(x_0) = \lim\limits_{x \to x_0} \dfrac{f(x) - f(x_0)}{x - x_0}$, mit $x \neq x_0$.

Setzt man die Differenz $x - x_0 = h$ $(h \neq 0)$, so erhält man die sogenannte „h-Form" der Ableitung:

$f'(x_0) = \lim\limits_{h \to 0} \dfrac{f(x_0 + h) - f(x_0)}{h}$.

Steigung eines Funktionsgraphen

Ist eine Funktion f an der Stelle x_0 differenzierbar mit der Ableitung $f'(x_0)$, dann ist die **Steigung** des Graphen im Punkt $P_0(x_0|f(x_0))$ definiert als $f'(x_0)$. Für den Neigungswinkel α der Tangente in P_0 gilt: $\tan \alpha = f'(x_0)$.

BEISPIEL $f: x \mapsto x^2 - 1$, $x \in \mathbb{R}$. f ist an der Stelle $x_0 = 2$ differenzierbar: Mit $x_0 = 2$, $f(x_0) = 3$, $f(x_0 + h) = (2 + h)^2 - 1$ erhält man:

$f'(x_0) = \lim\limits_{h \to 0} \dfrac{f(x_0 + h) - f(x_0)}{h} = \lim\limits_{h \to 0} \dfrac{\left[(2 + h)^2 - 1\right] - 3}{h}$

$= \lim\limits_{h \to 0} \dfrac{4h + h^2}{h} = \lim\limits_{h \to 0} (4 + h) = 4$.

Berechnung des Neigungswinkels α der Tangente im Punkt $P_0(2|3)$. Aus $\tan \alpha = 4$ folgt: $\alpha \approx 76°$.

Differenzierbarkeit und Stetigkeit

SATZ

Ist die Funktion f an der Stelle $x_0 \in D_f$ differenzierbar, so ist sie dort auch stetig.

▶ **ANMERKUNG**

1. Mit dem oft einfacheren Nachweis der Differenzierbarkeit zeigt man automatisch die Stetigkeit einer Funktion in x_0.
2. Die Umkehrung des Satzes gilt nicht!

GEGENBEISPIEL Die Funktion $f: x \mapsto |x|$, $x \in \mathbb{R}$, ist an der Stelle $x_0 = 0$ zwar stetig (es gilt: $\lim\limits_{x \to 0} |x| = 0 = f(0)$), aber nicht differenzierbar.

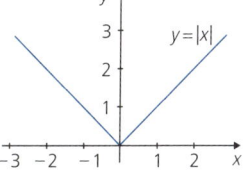

Der linksseitige und der rechtsseitige Grenzwert des Differenzenquotienten stimmen nicht überein:

$$\lim_{\substack{h \to 0 \\ h < 0}} \frac{f(0 + h) - f(0)}{h} = -1 \text{ und } \lim_{\substack{h \to 0 \\ h > 0}} \frac{f(0 + h) - f(0)}{h} = +1.$$

▶ **FOLGERUNG** aus dem Satz: Ist eine Funktion an der Stelle x_0 nicht stetig, so ist sie dort auch nicht differenzierbar.

Differenzierbarkeit in einem Intervall

> Eine Funktion f heißt **im offenen Intervall]a; b[differenzierbar,** wenn f an jeder Stelle des Intervalls differenzierbar ist.
> Eine Funktion f heißt **im abgeschlossenen Intervall [a; b] differenzierbar,** wenn f im offenen Intervall]a; b[differenzierbar ist und an den Intervallgrenzen a bzw. b der rechtsseitige bzw. der linksseitige Differentialquotient von f existiert.

Ableitungsfunktion einer Funktion

Die Menge derjenigen x-Werte aus der Definitionsmenge D_f, für die f differenzierbar ist, nennt man **Differenzierbarkeitsmenge** $D_{f'}$ der Funktion f. Es gilt: $D_{f'} \subseteq D_f$. Damit wird definiert:

> Die Funktion $f': x \mapsto f'(x)$, die für alle x aus der Differenzierbarkeitsmenge $D_{f'}$ definiert ist, heißt **Ableitungsfunktion** (kurz auch **„Ableitung"**) der Funktion f.

▶ **ANMERKUNG** f heißt *Stammfunktion* (▶ S. 50) zu f'.

BEISPIEL Für $f: x \mapsto x^2$ gilt:

$$f'(x_0) = \lim_{x \to x_0} \frac{f(x) - f(x_0)}{x - x_0} = \lim_{x \to x_0} \frac{x^2 - x_0^2}{x - x_0} = \lim_{x \to x_0} (x + x_0) = 2x_0 \text{ für alle } x_0 \in \mathbb{R}.$$

f ist also für alle $x \in \mathbb{R}$ differenzierbar: $D_{f'} = \mathbb{R}$.
Für die Ableitungsfunktion f' gilt: $f': x \mapsto 2x, x \in \mathbb{R}$.

Schreibweisen für die Ableitungsfunktion:

Leibniz'sche Form: $f'(x) = \dfrac{\mathrm{d}f(x)}{\mathrm{d}x} = \dfrac{\mathrm{d}}{\mathrm{d}x}f(x)$
(lies: „d f von x nach d x").
Ist $y = f(x)$, schreibt man auch $f'(x) = \dfrac{\mathrm{d}y}{\mathrm{d}x} = y'$
(lies: „d y nach d x" bzw. „y Strich").
In der Physik wird die Ableitung nach der Zeit durch einen Punkt
gekennzeichnet: $v(t) = \dot{s}(t) = \dfrac{\mathrm{d}s}{\mathrm{d}t}$ bzw. $a(t) = \dot{v}(t) = \dfrac{\mathrm{d}v}{\mathrm{d}t}$.

Ableitungen höherer Ordnung

Ist die Ableitungsfunktion f' ebenfalls differenzierbar, so nennt man die Ableitungsfunktion von f' die **zweite Ableitung** von f. Sie wird mit f'' (lies: „f zwei Strich") bezeichnet.
Schreibweisen:
$f'': x \mapsto f''(x)$, $x \in D_{f''}$ bzw. $f''(x) = \dfrac{\mathrm{d}^2 f(x)}{\mathrm{d}x^2} = \dfrac{\mathrm{d}^2}{\mathrm{d}x^2}f(x)$
(lies: „d zwei f von x nach d x Quadrat") und mit
$y = f(x)$ auch $f''(x) = \dfrac{\mathrm{d}^2 y}{\mathrm{d}x^2} = y''$
(lies: „d 2 y nach d x Quadrat" bzw. „y 2 Strich").
Genauso wird die dritte, vierte, … **n-te Ableitung** einer Funktion definiert. Sie wird mit f''', $f^{(4)}$, $f^{(5)}$, … $f^{(n)}$ bezeichnet.
f' heißt auch die erste Ableitung von f.

> Existiert für eine Funktion f in einer Teilmenge von D_f ihre n-te Ableitung $f^{(n)}$, so heißt f dort **n-mal differenzierbar**.

Thema: _____
Differentiationsregeln

Ableitung einer konstanten Funktion

SATZ

Ist $f(x) = c$, $c \in \mathbb{R}$ konstant, so gilt: $f'(x) = 0$.

Ableitung bei konstanten Summanden und Faktoren

SATZ

Ist $c \in \mathbb{R}$ konstant, dann gilt:
$f(x) = u(x) + c \Rightarrow f'(x) = u'(x)$
$f(x) = c \cdot u(x) \Rightarrow f'(x) = c \cdot u'(x)$

BEISPIELE

◆ $f(x) = x^2 + 5$ mit $u(x) = x^2$, $c = 5$. $f'(x) = u'(x) = 2x$
◆ $f(x) = 3 \cdot x^4$, $u(x) = x^4$, $c = 3$. $f'(x) = c \cdot u'(x) = 3 \cdot 4x^3 = 12x^3$

Ableitung zusammengesetzter Funktionen

Sind die Funktionen u und v in einem gemeinsamen Bereich D differenzierbar, so gilt dies auch für ihre Summe $u + v$, ihre Differenz $u - v$, ihr Produkt $u \cdot v$ und (wenn $v(x) \neq 0$) auch für ihren Quotienten $\frac{u}{v}$.

SATZ

Summenregel:
$f(x) = u(x) \pm v(x) \Rightarrow f'(x) = u'(x) \pm v'(x)$
Produktregel:
$f(x) = u(x) \cdot v(x) \Rightarrow f'(x) = u'(x) \cdot v(x) + u(x) \cdot v'(x)$
Quotientenregel:
$$f(x) = \frac{u(x)}{v(x)} \Rightarrow f'(x) = \frac{u'(x) \cdot v(x) - u(x) \cdot v'(x)}{[v(x)]^2}$$

BEISPIELE

◆ Summenregel: Es ist $u(x) = x^2$ und $v(x) = \cos x$. Dann gilt:
$f(x) = x^2 + \cos x \Rightarrow f'(x) = u'(x) + v'(x) = 2x - \sin x$.
◆ Produktregel: Es ist $u(x) = x^3$ und $v(x) = \sin x$. Dann gilt:
$f(x) = x^3 \cdot \sin x \Rightarrow$
$f'(x) = u'(x) \cdot v(x) + u(x) \cdot v'(x) = 3x^2 \cdot \sin x + x^3 \cdot \cos x$.

◆ Quotientenregel: Es ist $u(x) = x^3 + 1$ und $v(x) = 2x$.

Dann ist für $x \neq 0$ die Funktion $f = \frac{u}{v}$ mit $f(x) = \frac{u(x)}{v(x)} = \frac{x^3 + 1}{2x}$
differenzierbar und es gilt:

$$f'(x) = \frac{u'(x) \cdot v(x) - u(x) \cdot v'(x)}{[v(x)]^2}$$

$$= \frac{3x^2 \cdot 2x - (x^3 + 1) \cdot 2}{(2x)^2} = \frac{4x^3 - 2}{4x^2} = \frac{2x^3 - 1}{2x^2}.$$

Ableitung verketteter Funktionen (Kettenregel)

Ist die Funktion $v: x \mapsto v(x)$ an der Stelle x_0 und die Funktion $u: z \mapsto u(z)$ an der Stelle $z_0 = v(x_0)$ differenzierbar, so ist auch die Verkettung $f = u \circ v$ mit $f(x) = u(v(x))$ an der Stelle x_0 differenzierbar und es gilt:

> **SATZ**
>
> **Kettenregel:** $f'(x_0) = u'(v(x_0)) \cdot v'(x_0)$.

Die Leibniz'sche Schreibweise $\frac{dy}{dx} = \frac{dy}{dz} \cdot \frac{dz}{dx}$ macht die Regel besonders
deutlich: Zuerst wird die „äußere" Funktion u differenziert und dann noch die „innere" Funktion v *„nachdifferenziert"*.

BEISPIEL $f(x) = \sqrt{5x + }$ 3. Äußere Funktion: $u(z) = \sqrt{z}$ mit $z = 5x + 3$; innere Funktion $v(x) = 5x + 3$.

Somit: $f'(x) = u'(v(x)) \cdot v'(x) = \frac{1}{2\sqrt{5x + 3}} \cdot 5 = \frac{5}{2\sqrt{5x + 3}}$.

Ableitung der Umkehrfunktion einer Funktion

> **SATZ**
>
> f sei eine in einem Intervall definierte, umkehrbare und differenzierbare
> Funktion und es gelte $f'(x_0) \neq 0$.
> Dann ist die Umkehrfunktion $f^{-1}: y \mapsto f^{-1}(y)$ an der Stelle
> $y_0 = f(x_0)$ ebenfalls differenzierbar mit $(f^{-1})'(y_0) = \frac{1}{f'(x_0)}$.

BEISPIEL $f: x \mapsto y = x^2$ ist in $\mathbb{R}_0^+$ umkehrbar mit der Umkehrfunktion
$f^{-1}: y \mapsto x = \sqrt{y}, y \in \mathbb{R}_0^+$. Für $x \neq 0$ ist auch $f'(x) \neq 0$.

Somit gilt für alle $x \in \mathbb{R}_0^+$: $(f^{-1})'(y) = \frac{1}{f'(x)} = \frac{1}{2x} = \frac{1}{2\sqrt{y}}$.

Ableitungen der Grundfunktionen

$f(x)$	D_f	$D_{f'}$	$f'(x)$
x^n, $n \in \mathbb{N}$, $n > 0$	$\mathbb{R}$	D_f	$n \cdot x^{n-1}$
x^n, $n \in \mathbb{Z}$, $n < 0$	$\mathbb{R} \backslash \{0\}$	D_f	$n \cdot x^{n-1}$
x^r, $r \in \mathbb{R}$	$\mathbb{R}^+ = {]0; \infty[}$	D_f	$r \cdot x^{r-1}$
$\sqrt{x}$	$\mathbb{R}_0^+ = [0; \infty[$	$D_f \backslash \{0\}$	$\dfrac{1}{2\sqrt{x}}$
a^x, $a \in \mathbb{R}^+ \backslash \{1\}$	$\mathbb{R}$	D_f	$a^x \cdot \ln a$
e^x	$\mathbb{R}$	D_f	e^x
$\log_b x$, $b \in \mathbb{R}^+ \backslash \{1\}$	$\mathbb{R}^+$	D_f	$\dfrac{1}{x \cdot \ln b}$
$\ln x$	$\mathbb{R}^+$	D_f	$\dfrac{1}{x}$
$\sin x$	$\mathbb{R}$	D_f	$\cos x$
$\cos x$	$\mathbb{R}$	D_f	$-\sin x$
$\tan x$	$\left\{ x \mid x \neq (2k+1)\,\dfrac{\pi}{2}; k \in \mathbb{Z} \right\}$	D_f	$\dfrac{1}{\cos^2 x}$

2

2.2 Eigenschaften von Funktionsgraphen und Ableitungen

Geometrische Bedeutung der 1. Ableitung

Monotonieverhalten

SATZ

Ist eine Funktion f in einem Intervall $[a;b]$ stetig und zumindest im Innern des Intervalls differenzierbar, so gilt:

Ist $f'(x) > 0$ für alle $x \in \,]a;b[$, so ist f in $[a;b]$ streng monoton zunehmend.	Ist $f'(x) < 0$ für alle $x \in \,]a;b[$, so ist f in $[a;b]$ streng monoton abnehmend.

BEISPIEL   zur Untersuchung des Monotonieverhaltens:
Sei $f\colon x \mapsto x^2$, $x \in \mathbb{R}$. Vorzeichenuntersuchung von $f'(x) = 2x$:

$f'(x) > 0$ für $x > 0$ f ist also im Intervall $[0;\infty[$ streng monoton zunehmend.	$f'(x) < 0$ für $x < 0$ f ist also im Intervall $]-\infty;0]$ streng monoton abnehmend.

Bedeutung für den Graphen und seine Tangenten:
Ist die Steigung $m = \tan\alpha = f'(x_0)$ der Tangente in jedem Punkt
$P(x_0|f(x_0))$, $x_0 \in \,]a;b[$

positiv, so **steigt** der Graph G_f in $[a;b]$ streng monoton.	**negativ**, so **fällt** der Graph G_f in $[a;b]$ streng monoton.

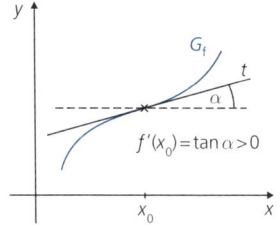
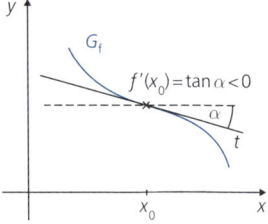

BEACHTE   Der Graph G_f besitzt an einer Stelle x_0 genau dann eine waagrechte Tangente, wenn $f'(x) = 0$.

Tangente und Normale

Gleichung der *Tangente* t in einem Punkt $P(x_0|f(x_0))$ des Graphen G_f einer in x_0 differenzierbaren Funktion f:

> **SATZ**
>
> Gleichung der Tangente t: $y = f'(x_0)(x - x_0) + f(x_0)$.

Als *Normale* n in einem Punkt $P(x_0|f(x_0))$ des Graphen G_f bezeichnet man diejenige Gerade durch P, die auf der Tangente im Punkt P senkrecht steht. Für die Steigung m_n der Normale gilt:

$$m_n = -\frac{1}{m_t} = -\frac{1}{f'(x_0)} \text{ mit } f'(x_0) \neq 0.$$

> **SATZ**
>
> Gleichung der Normale n: $y = -\dfrac{1}{f'(x_0)}(x - x_0) + f(x_0)$.

BEISPIEL

$f: x \mapsto x^2$, $P(1,5|2,25)$
Mit $f'(x) = 2x$ gilt:
$f'(1,5) = 3$.
Gleichung der Tangente:
$t: y = 3 \cdot (x - 1,5) + 2,25$
$t: y = 3x - 2,25$
Gleichung der Normale:
$n: y = -\dfrac{1}{3} \cdot (x - 1,5) + 2,25$
$n: y = -\dfrac{1}{3}x + 2,75$

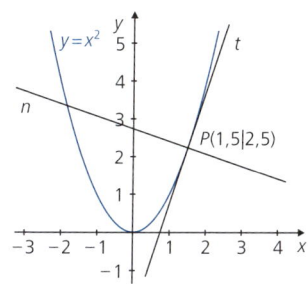

Schnittwinkel zweier Graphen

Schneiden sich die Graphen G_{f_1} und G_{f_2} zweier Funktionen f_1 und f_2 an einer Stelle x_0, so wird der *Schnittwinkel* der beiden Graphen definiert als der nichtstumpfe Winkel φ, den die beiden Tangenten im Schnittpunkt einschließen. Sind m_1 und m_2 die zugehörigen Tangentensteigungen, so gilt für φ:

> **SATZ**
>
> $\tan \varphi = \left| \dfrac{m_1 - m_2}{1 + m_1 \cdot m_2} \right| = \left| \dfrac{f_1'(x_0) - f_2'(x_0)}{1 + f_1'(x_0) \cdot f_2'(x_0)} \right|$

Spezialfall: Schneiden sich die Graphen senkrecht, so gilt:
$f_1'(x_0) \cdot f_2'(x_0) = m_1 \cdot m_2 = -1$.

BEISPIEL

Die Graphen der Funktionen
$f_1: x \mapsto x^2$ und $f_2: x \mapsto (x-2)^2$
schneiden sich an der Stelle
$x_0 = 1$.
Mit $m_1 = f_1'(x_0) = 2x_0 = 2$
und $m_2 = f_2'(x_0) = 2x_0 - 4 = -2$
ergibt sich
$\tan \varphi = \left| \dfrac{2 - (-2)}{1 + 2 \cdot (-2)} \right| = \dfrac{4}{3}$ und
damit $\varphi \approx 53°$.

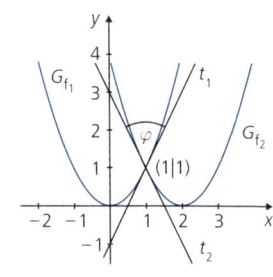

Die Tangenten im Schnittpunkt $(1|1)$ sind
$t_1: y = 2x - 1$ und $t_2: y = -2x + 3$.

Extremwerte und Extrempunkte

◆ **Notwendige Bedingung für Extrema**

f sei eine in einem Intervall differenzierbare Funktion. Hat f an der Stelle x_0 im Innern des Intervalls einen lokalen Extremwert, so gilt $f'(x_0) = 0$.

BEACHTE

1. Diese Bedingung ist nicht hinreichend.
Für $f: x \mapsto f(x) = x^3$ gilt zwar mit
$f'(x) = 3x^2$ für $x_0 = 0$: $f'(0) = 0$,
die Funktion hat jedoch an der Stelle
$x_0 = 0$ kein lokales Extremum.
2. Der Satz gilt nur für differenzierbare
Funktionen.
Zum Beispiel hat die Betragsfunktion
$f: x \mapsto |x|$ an der Stelle $x_0 = 0$ ein Extremum (Minimum), ist dort aber nicht
differenzierbar: $f'(x)$ ist für $x_0 = 0$ nicht
definiert.

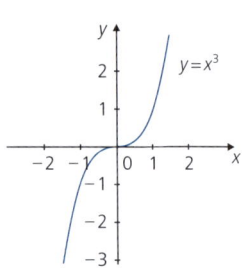

◆ **Hinreichende Bedingung für Extrema**

1. Ist f in einer Umgebung einer Stelle x_0 differenzierbar und gilt $f'(x_0) = 0$ und f' wechselt bei x_0 das Vorzeichen, dann besitzt f bei x_0 ein Extremum bzw. G_f einen Extrempunkt, und zwar

| ein lokales Maximum bzw. einen lokalen Hochpunkt, | ein lokales Minimum bzw. einen lokalen Tiefpunkt, |

wenn das Vorzeichen an der Stelle x_0 beim Übergang von kleineren zu größeren x-Werten von

| + nach − wechselt. | − nach + wechselt. |

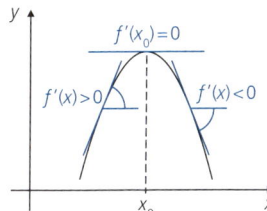 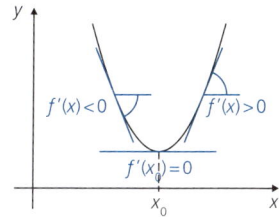

2. Ist f an einer Stelle x_0 zweimal differenzierbar und gilt:

| $f'(x_0) = 0$ und $f''(x_0) < 0$, | $f'(x_0) = 0$ und $f''(x_0) > 0$, |

dann hat f an der Stelle x_0 ein

| lokales Maximum. | lokales Minimum. |

BEACHTE Diese Bedingung ist nicht notwendig.
BEISPIEL
Für die Funktion $f: x \mapsto f(x) = x^4$ mit $f''(x) = 12x^2$ gilt für $x_0 = 0$:
$f''(0) = 0$, aber die Funktion f besitzt dort trotzdem ein lokales Minimum.

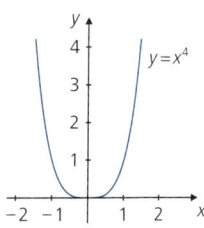

Weiter ist zu beachten:
1. Ist f auf einem abgeschlossenen Intervall $[a;b]$ definiert, so können außer an den Nullstellen von f' in $]a;b[$ noch an den beiden Randstellen a und b Extrema auftreten.
2. Gesondert muss auch bei denjenigen Stellen, an denen f nicht differenzierbar ist, untersucht werden, ob ein Extremum vorliegt.

SATZ

Besitzt f an der Stelle x_0 ein lokales Maximum (Minimum), so ist $P(x_0|f(x_0))$ ein lokaler Hochpunkt (Tiefpunkt).

Geometrische Bedeutung der 2. Ableitung

Krümmung des Graphen

Der Graph G_f heißt in einem Intervall

rechtsgekrümmt oder **konkav**,	**linksgekrümmt** oder **konvex**,

wenn die Steigung der Tangente in diesem Intervall

streng monoton abnimmt.	streng monoton zunimmt.

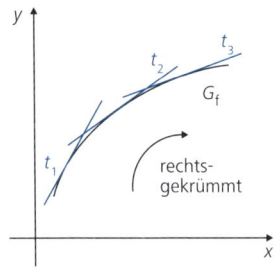 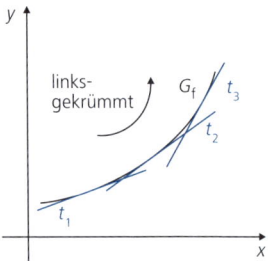

Die Tangente dreht sich bei einer

Rechtskrümmung nach rechts, d.h. im Uhrzeigersinn.	Linkskrümmung nach links, d.h. gegen den Uhrzeigersinn.

Kriterium für das Krümmungsverhalten

SATZ

Ist f in einem Intervall I zweimal differenzierbar und gilt:

$f''(x) < 0$	$f''(x) > 0$

für alle $x \in I$, dann ist der Graph G_f im Intervall I

rechtsgekrümmt.	linksgekrümmt.

Wendepunkt und Wendestelle

Ein Punkt $P(x_0|f(x_0))$ des Graphen G_f einer Funktion f heißt **Wendepunkt,** wenn G_f in P seine Krümmung ändert.
Die Stelle x_0 heißt **Wendestelle.** Die Tangente im Wendepunkt heißt **Wendetangente.**
Ein Wendepunkt mit horizontaler Tangente heißt **Terrassenpunkt.**

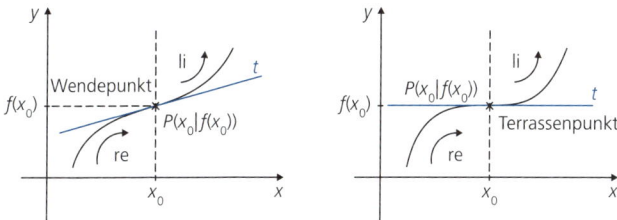

◆ **Notwendige Bedingung für einen Wendepunkt**

Hat der Graph G_f einer zweimal differenzierbaren Funktion f an der Stelle x_0 einen Wendepunkt, so gilt $f''(x_0) = 0$.

AUGEN AUF! Dass die Bedingung nicht hinreichend ist, zeigt die Funktion $f: x \mapsto f(x) = x^4$ mit $f''(x) = 12x^2$. Für $x_0 = 0$ ist $f''(x) = 0$, aber der Graph G_f (▶ S. 43) besitzt dort keinen Wendepunkt.

◆ **Hinreichende Bedingungen für einen Wendepunkt**

1. Ist f an der Stelle x_0 zweimal differenzierbar mit $f''(x_0) = 0$ und wechselt f'' in x_0 das Vorzeichen, so hat G_f an der Stelle x_0 einen Wendepunkt.
2. Ist f in x_0 dreimal differenzierbar mit $f''(x_0) = 0$ und $f'''(x_0) \neq 0$, so hat G_f an der Stelle x_0 einen Wendepunkt.

3 Integralrechnung

3.1 Das bestimmte Integral

Flächenberechnung mit Obersumme und Untersumme

Die Flächenmaßzahl A_a^b der Fläche zwischen dem Graphen G_f einer Funktion f und der x-Achse über einem Intervall $[a; b]$ soll bestimmt werden. Die Funktion f sei in dem Intervall $[a; b]$ zunächst stetig, nicht negativ und monoton zunehmend.

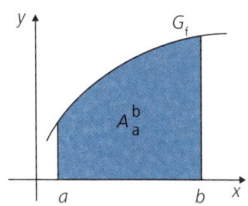

Die Fläche zwischen dem Graphen G_f und der x-Achse über dem Intervall $[a; b]$ kann durch Rechtecksflächen approximiert werden. Dazu werden dieser Fläche n Rechtecke gleicher Breite $(b - a) : n$ ein- bzw. umbeschrieben (s. Abb. unten).

> Die Summe der Flächenmaßzahlen der n einbeschriebenen Rechtecke heißt **Untersumme** $\underline{A}_n$, die der n umbeschriebenen Rechtecke **Obersumme** $\overline{A}_n$.

Durch eine fortgesetzte Verkleinerung der Rechtecksbreiten (z. B. Halbierung) erhält man immer bessere Näherungswerte.

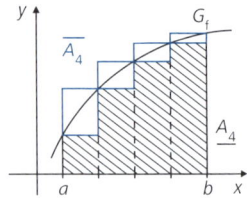 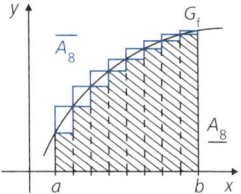

Für alle $m, n \in \mathbb{N}$ mit $m > n$ lässt sich zeigen:

1. $\underline{A}_n \leq A_a^b \leq \overline{A}_n$, d. h., die Flächenmaßzahl A_a^b ist eine obere Grenze für die Folge der Untersummen und eine untere Grenze für die Folge der Obersummen.

2. $\underline{A}_n < \underline{A}_m$, d. h., die Folge der Untersummen ist monoton zunehmend. Da sie in A_a^b auch eine obere Grenze besitzt, hat sie einen Grenzwert $\underline{A} = \lim_{n \to \infty} \underline{A}_n \leq A_a^b$.

3. $\overline{A_n} \geq \overline{A_m}$, d.h., die Folge der Obersummen ist monoton abnehmend. Da sie in A_a^b auch eine untere Grenze besitzt, hat sie einen Grenzwert $\overline{A} = \lim\limits_{n \to \infty} \overline{A_n} \geq A_a^b$.

4. $\lim\limits_{n \to \infty}\left(\overline{A_n} - \underline{A_n}\right) = \lim\limits_{n \to \infty}\left([f(b) - f(a)] \cdot \dfrac{b-a}{n}\right) = 0$, d.h., die Differenzenfolge der Ober- und Untersummen ist eine Nullfolge.

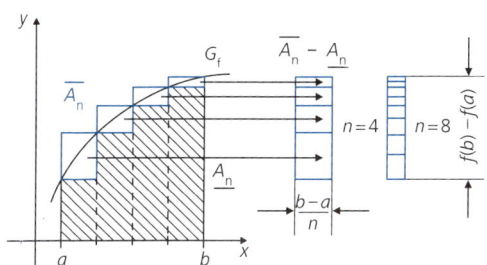

SATZ

Die Intervalle $[\underline{A_n}; \overline{A_n}]$ bilden eine Intervallschachtelung für die Flächenmaßzahl A_a^b. Es gilt: $A_a^b = \lim\limits_{n \to \infty} \underline{A_n} = \lim\limits_{n \to \infty} \overline{A_n}$.

Man berechnet A_a^b mit den **Summengrenzwertformeln:**

$$A_a^b = \lim\limits_{n \to \infty} \sum_{i=0}^{n-1} f\left(a + i \cdot \frac{b-a}{n}\right) \cdot \frac{b-a}{n} \quad \text{bzw.} \quad A_a^b = \lim\limits_{n \to \infty} \sum_{i=1}^{n} f\left(a + i \cdot \frac{b-a}{n}\right) \cdot \frac{b-a}{n}.$$

BEISPIEL $\quad f: x \mapsto 0{,}2\,x^3 + 1{,}5,$
$x \in \mathbb{R}$ und $[a;b] = [0;2]$.

Wir berechnen zunächst allgemein für das Intervall $[0;b]$ die Untersumme $\underline{A_n}$ und dann den Grenzwert $\underline{A} = A_0^b$:

$$\underline{A_n} = \sum_{i=0}^{n-1} f\left(0 + i \cdot \frac{b}{n}\right) \cdot \frac{b-0}{n}$$

$$= \sum_{i=0}^{n-1} \left[0{,}2 \cdot \left(i \cdot \frac{b}{n}\right)^3 + 1{,}5\right] \cdot \frac{b}{n}$$

$$= \sum_{i=0}^{n-1} \left[0{,}2 \cdot \left(i \cdot \frac{b}{n}\right)^3\right] \cdot \frac{b}{n} + \sum_{i=0}^{n-1} 1{,}5 \cdot \frac{b}{n}$$

$$= 0{,}2 \cdot \sum_{i=0}^{n-1} i^3 \cdot \left(\frac{b}{n}\right)^4 + 1{,}5 \cdot n \cdot \frac{b}{n} = 0{,}2 \cdot \frac{(n-1)^2 \cdot n^2}{4} \cdot \left(\frac{b}{n}\right)^4 + 1{,}5 \cdot b$$

$$= 0{,}2 \cdot \frac{b^4}{4} \cdot \frac{(n-1)^2 \cdot n^2}{n^4} + 1{,}5 \cdot b = 0{,}2 \cdot \frac{b^4}{4} \cdot \left(1 - \frac{1}{n}\right)^2 + 1{,}5 \cdot b.$$

$$A_0^b = \underline{A} = \lim\limits_{n \to \infty} \underline{A_n} = \lim\limits_{n \to \infty}\left[0{,}2 \cdot \frac{b^4}{4} \cdot \left(1 - \frac{1}{n}\right)^2 + 1{,}5 \cdot b\right]$$

$$= 0{,}2 \cdot \frac{b^4}{4} \cdot \lim_{n \to \infty} \left[\left(1 - \frac{1}{n}\right)^2 \right] + 1{,}5 \cdot b = 0{,}2 \cdot \frac{b^4}{4} + 1{,}5 \cdot b.$$

Für $b = 2$ folgt: $A_0^2 = 0{,}2 \cdot \frac{2^4}{4} + 1{,}5 \cdot 2 = 3{,}8.$

Ist die Funktion f im Intervall $[a; b]$ negativ statt positiv (G_f liegt unter der x-Achse), so erhält man mit der Summengrenzwertformel das Negative der Flächenmaßzahl:

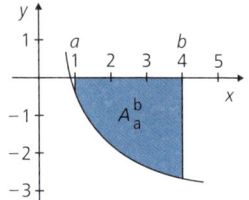

$$\lim_{n \to \infty} \sum_{i=0}^{n-1} f\left(a + i \cdot \frac{b-a}{n}\right) \cdot \frac{b-a}{n} = -A_a^b.$$

Weiter existieren die Grenzwerte der Unter- und Obersummen und stimmen auch dann überein, wenn für die Funktion f nur die Stetigkeit im Intervall $[a; b]$ vorausgesetzt wird.

Wechselt die Funktion f im Intervall $[a; b]$ das Vorzeichen, so gibt der Summengrenzwert nunmehr eine Bilanz der Flächenmaßzahlen an.

$$\lim_{n \to \infty} \sum_{i=0}^{n-1} f\left(a + i \cdot \frac{b-a}{n}\right) \cdot \frac{b-a}{n} = A_a^c - A_c^d + A_d^e - A_e^b$$

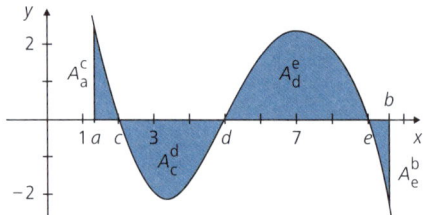

Definition und Eigenschaften

Es sei f eine in einem Intervall $[a; b]$ definierte Funktion, für die die Grenzwerte der Unter- und Obersummen existieren und übereinstimmen. Dann heißt

$$\int_a^b f(x)\, dx = \lim_{n \to \infty} \sum_{i=0}^{n-1} f\left(a + i \cdot \frac{b-a}{n}\right) \cdot \frac{b-a}{n} = \lim_{n \to \infty} \sum_{i=1}^{n} f\left(a + i \cdot \frac{b-a}{n}\right) \cdot \frac{b-a}{n}$$

das **bestimmte Integral** der Funktion f im Intervall $[a; b]$.
(Sprechweise: „Integral von a bis b über f von x dx")
Die Funktion f heißt dann **Integrandenfunktion** und $[a; b]$ **Integrationsbereich**. f heißt im Intervall $[a; b]$ **integrierbar**.

> ### SATZ
>
> Eine in einem Intervall $[a; b]$ definierte Funktion f ist integrierbar, wenn f im Intervall $[a; b]$ stetig oder monoton ist.

Eigenschaften des bestimmten Integrals

Es seien f und g in einem Intervall $[a; b]$ definierte Funktionen, die im Intervall $[a; b]$ integrierbar sind, $c \in [a; b]$, $k \in \mathbb{R}$.

1. Umkehrung der Integrationsrichtung
$$\int_b^a f(x)\, dx = \lim_{n \to \infty} \sum_{i=0}^{n-1} f\left(b + i \cdot \frac{a-b}{n}\right) \cdot \frac{a-b}{n} = -\int_a^b f(x)\, dx$$

2. $\int_a^a f(x)\, dx = 0$

3. $\int_a^b k \cdot f(x)\, dx = k \cdot \int_a^b f(x)\, dx$

4. Additivitätseigenschaft
$$\int_a^b f(x)\, dx = \int_a^c f(x)\, dx + \int_c^b f(x)\, dx$$

5. Linearitätseigenschaft
$$\int_a^b (f(x) + g(x))\, dx = \int_a^b f(x)\, dx + \int_a^b g(x)\, dx$$

6. Monotonieeigenschaft
Ist $f(x) < g(x)$ für alle $x \in [a; b]$, so gilt: $\int_a^b f(x)\, dx < \int_a^b g(x)\, dx$.

7. Ist $m \le f(x) \le M$ für alle $x \in [a; b]$, so gilt:
$$m \cdot (b - a) \le \int_a^b f(x)\, dx \le M \cdot (b - a).$$

Eine algebraische Summe stetiger Funktionen kann gliedweise integriert werden.

BEISPIEL

$$\int_{-6}^0 (2x - 0{,}5)^2\, dx = \int_{-6}^0 (4x^2 - 2x + 0{,}25)\, dx$$

$$= 4 \cdot \int_{-6}^0 x^2\, dx - 2 \cdot \int_{-6}^0 x\, dx + 0{,}25 \cdot \int_{-6}^0 1\, dx = 325{,}5$$

3.2   Stammfunktion und Integralfunktion

Definitionen, Beispiele, Sätze

Ist die Funktion f im Intervall I integrierbar, so heißt eine in I definierte Funktion $F: x \mapsto F(x) = \int\limits_{a}^{x} f(t)\,\mathrm{d}t$ mit $a \in I$ eine **Integralfunktion** von f in I. f heißt **Integrandenfunktion**.

SATZ

Jede Integralfunktion hat mindestens eine Nullstelle, nämlich die untere Integrationsgrenze.

Sind die Funktionen f und F in einem gemeinsamen Bereich D definiert und ist F in D differenzierbar, so heißt die Funktion F **Stammfunktion** zu f in D, wenn $F'(x) = f(x)$ für alle $x \in D$ gilt.

BEISPIELE $f(x) = 2x + 4$, $x \in \mathbb{R}$, ist integrierbar in $\mathbb{R}$.

◆ $F_0: x \mapsto F_0(x) = \int\limits_{0}^{x} f(t)\,\mathrm{d}t = \int\limits_{0}^{x} (2t + 4)\,\mathrm{d}t = x^2 + 4x$

◆ $F_2: x \mapsto F_2(x) = \int\limits_{2}^{x} f(t)\,\mathrm{d}t = \int\limits_{2}^{x} (2t + 4)\,\mathrm{d}t = x^2 + 4x - 12$

Die Integralfunktionen F_0 und F_2 sind auch Stammfunktionen zu f. Die Funktion F mit $F(x) = (x + 2)^2 + 2$, $x \in \mathbb{R}$, ist eine Stammfunktion zu f, jedoch keine Integralfunktion (keine Nullstelle).

SATZ

Jede Integralfunktion einer stetigen Funktion f ist eine Stammfunktion zu f. Die Differenz zweier Stammfunktionen einer Funktion f ist auf jedem Intervall des gemeinsamen Definitionsbereichs eine konstante Funktion.

Der Hauptsatz der Differential- und Integralrechnung

SATZ

Jede Integralfunktion einer stetigen Integrandenfunktion ist differenzierbar, ihre Ableitung ist gleich der Integrandenfunktion.

$$\left(f \text{ stetig in } I \text{ und } a \in I \text{ und } F(x) = \int_a^x f(t) \, dt, \, x \in I \right) \Rightarrow$$

$F'(x) = f(x)$ für alle $x \in I$.

(Hauptsatz der Differential- und Integralrechnung).

BEISPIELE

◆ $F(x) = \int_0^x (2t + 4) \, dt, \, x \in \mathbb{R} \Rightarrow F'(x) = 2x + 4$

◆ $F(x) = \int_0^x 2 \cdot \sin(t - \pi) \, dt, \, x \in \mathbb{R} \Rightarrow F'(x) = 2 \cdot \sin(x - \pi)$

Jede Integralfunktion einer stetigen Integrandenfunktion ist also eine Stammfunktion der Integrandenfunktion.

Hiermit erhält man eine Berechnungsformel für Integrale:

SATZ

Das bestimmte Integral einer im Intervall I stetigen Funktion f zwischen der unteren Grenze a und der oberen Grenze b ist gleich der Differenz $F(b) - F(a)$ der Funktionswerte einer beliebigen Stammfunktion F zu f.

$$\int_a^b f(x) \, dx = F(b) - F(a) = [F(x)]_a^b \text{ (Integrationsformel)}$$

BEISPIELE

◆ $\int_0^\pi \sin x \, dx = [-\cos x]_0^\pi = -\cos \pi - (-\cos 0) = 2$

◆ $\int_2^3 \frac{1}{x^2} \, dx = \left[\frac{x^{-2+1}}{-2+1} \right]_2^3 = \left[-\frac{1}{x} \right]_2^3 = -\frac{1}{3} - \left(-\frac{1}{2} \right) = \frac{1}{6}$

Das unbestimmte Integral

Die Menge aller Stammfunktionen einer Funktion f heißt *unbestimmtes Integral* von f. Man schreibt kurz:

$\int f(x) \, dx = F(x) + C$, wobei C eine Konstante ist.

(Dies ist keine Gleichung im algebraischen Sinn! Mit ihr wird zum Ausdruck gebracht, dass auf jedem Intervall I des Differenzierbarkeitsbereiches von F gilt: $(F(x) + C)' = f(x)$.)

Grundintegrale:

◆ $\int x^n\, dx = \dfrac{x^{n+1}}{n+1} + C,\ n \in \mathbb{R},\ n \neq -1$

◆ $\int \dfrac{1}{x}\, dx = \ln|x| + C$

◆ $\int \ln x\, dx = -x + x \cdot \ln x + C$

◆ $\int \sin x\, dx = -\cos x + C$

◆ $\int \cos x\, dx = \sin x + C$

◆ $\int e^x\, dx = e^x + C$

◆ $\int a^x\, dx = \dfrac{a^x}{\ln a} + C,\ a > 0,\ a \neq 1$

◆ Weitere häufig benötigte Integrale:

◆ $\int \dfrac{f'(x)}{f(x)}\, dx = \ln|f(x)| + C$

◆ $\int \sin^2 x\, dx = \dfrac{1}{2}(x - \sin x \cdot \cos x) + C$

◆ $\int \cos^2 x\, dx = \dfrac{1}{2}(x + \sin x \cdot \cos x) + C$

◆ $\int \tan x\, dx = -\ln|\cos x| + C$

3.3 Integrationsverfahren

Integration durch Substitution

Durch „Umkehrung" der Kettenregel der Differentialrechnung (▶ S. 38) kann man „kompliziertere" Funktionen integrieren.

BEISPIEL $F(x) = \sin(1 + x^3),\ x \in \mathbb{R}$. Nach der Kettenregel gilt:
$F'(x) = \cos(1 + x^3) \cdot 3x^2 = f(x),\ x \in \mathbb{R}$.
Damit folgt: $\int \cos(1 + x^3) \cdot 3x^2\, dx = \sin(1 + x^3) + C$.
Die Funktion F des Beispiels lässt sich als Verkettung zweier Funktionen darstellen ($x \mapsto t = 1 + x^3$ und $t \mapsto \sin t = \sin(1 + x^3) = F(x)$) und ist Stammfunktion der „komplizierteren" Funktion f mit $f(x) = \cos(1 + x^3) \cdot 3x^2$.

Verallgemeinerung:

Ist $x \mapsto g(x) = t$ (Substitution) und $t \mapsto F(t) = F(g(x))$ und
$f(t) = F'(t) = [F(g(x))]' = F'(g(x)) \cdot g'(x) = f(g(x)) \cdot g'(x)$, so gilt:

$\int f(g(x)) \cdot g'(x) \, dx = \int f(t) \, dt = F(x) + C$, mit $t = g(x)$.

Es genügt dann, eine Stammfunktion von f zu bestimmen.

Bei der Berechnung bestimmter Integrale mit dieser Methode kann man nach der Anwendung der Formel entweder die Substitution rückgängig machen und die gegebenen Integrationsgrenzen verwenden oder die Substitution beibehalten und die gegebenen Integrationsgrenzen umrechnen.

BEISPIEL $\displaystyle\int_{-1}^{1} \cos(1 + x^3) \cdot 3x^2 \, dx$

1. Weg: $\displaystyle\int_{-1}^{1} \cos(1 + x^3) \cdot 3x^2 \, dx = [\sin(1 + x^3)]_{-1}^{1}$

(Die Stammfunktion ist bekannt, siehe oben.)

$= \sin(1 + 1^3) - \sin(1 + (-1)^3) = \sin 2 - \sin 0 = \sin 2 \approx 0{,}91$

2. Weg: $\displaystyle\int_{-1}^{1} \cos(1 + x^3) \cdot 3x^2 \, dx = \int_{1+(-1)^3}^{1+1} \cos t \, dt = [\sin t]_0^2$

$= \sin 2 - \sin 0 = \sin 2 \approx 0{,}91$

1. Fassung der *Substitutionsregel*:

SATZ

Lässt sich eine Integrandenfunktion als Verkettung zweier Funktionen in der Form $f(g(x)) \cdot g'(x)$ darstellen, wobei g eine in dem Intervall $[a; b]$ stetig differenzierbare Funktion und f eine im Bereich $g([a; b])$ stetige Funktion ist, so gilt:

$\displaystyle\int_{a}^{b} f(g(x)) \cdot g'(x) \, dx = \int_{g(a)}^{g(b)} f(t) \, dt$, mit $t = g(x)$.

BEACHTE   Praktisches Vorgehen:

1. Suche einen geeigneten Substitutionsterm $g(x)$, dass $g'(x)$ (ggf. bis auf einen konstanten Faktor) im Integranden als Faktor vorkommt.
2. Substituiere $g(x)$ durch t und $g'(x) \, dx$ durch dt und die Integrationsgrenzen a und b durch $g(a)$ und $g(b)$.
3. Berechne das neue Integral.

BEISPIELE

- $\int_0^b \sqrt{b^2 - x^2} \cdot x \, dx = \int_0^b \sqrt{b^2 - x^2} \cdot \left(-\dfrac{1}{2}\right) \cdot (-2x) \, dx$

  (Durch die Umformung erhält man die Ableitung des Radikanden als Faktor. Substitution: $t = b^2 - x^2 = g(x)$.)

  $= \left(-\dfrac{1}{2}\right) \cdot \int_0^b \sqrt{b^2 - x^2} \cdot (-2x) \, dx = \left(-\dfrac{1}{2}\right) \cdot \int_{b^2 - 0^2}^{b^2 - b^2} \sqrt{t} \, dt$

  $= \left(-\dfrac{1}{2}\right) \cdot \left[\dfrac{t^{0,5 + 1}}{0,5 + 1}\right]_{b^2}^0 = -\dfrac{1}{2} \cdot \left(\dfrac{0^{1,5}}{1,5} - \dfrac{(b^2)^{1,5}}{1,5}\right) = \dfrac{1}{3}\, b^3$

- $\int_1^e \dfrac{1}{x \cdot \sqrt{\ln x}} \, dx = \int_1^e \dfrac{1}{\sqrt{\ln x}} \cdot \dfrac{1}{x} \, dx = \int_{\ln 1}^{\ln e} \dfrac{1}{\sqrt{t}} \, dt = \left[\dfrac{t^{0,5}}{0,5}\right]_0^1$

  $= 2\sqrt{1} - 2\sqrt{0} = 2$ (Substitution: $t = \ln x = g(x)$.)

Bisher wurden die Integranden in der Form $f(g(x)) \cdot g'(x)$ dargestellt und nach der Substitution $t = g(x)$ war die Funktion f zu integrieren. Dieser Weg lässt sich auch umkehren:

$\int f(x) \, dx = \int f(g(t)) \cdot g'(t) \, dt$, mit $x = g(t)$.

(Um die Integralformel in der gewohnten Form zu erhalten, wurden die Integrationsvariablen x und t vertauscht.)

BEISPIEL $\int \dfrac{x}{(2 - x)^3} \, dx; f(x) = \dfrac{x}{(2 - x)^3}$

Substitution: $t = 2 - x = g^{-1}(t) \Rightarrow x = 2 - t = g(t)$

$g'(t) = \dfrac{dx}{dt} = -1 \Rightarrow dx = g'(t) \, dt = (-1) \, dt$

$\int \dfrac{x}{(2 - x)^3} \, dx = \int \dfrac{2 - t}{t^3} \cdot (-1) \, dt = \int (-2t^{-3} + t^{-2}) \, dt$

$= t^{-2} - t^{-1} + C = (2 - x)^{-2} - (2 - x)^{-1} + C$

Bei der Berechnung bestimmter Integrale mit dieser Methode kann man nach der Anwendung der Formel entweder die Substitution rückgängig machen und die gegebenen Integrationsgrenzen verwenden oder die Substitution beibehalten und die gegebenen Integrationsgrenzen umrechnen.

BEISPIEL $\displaystyle\int_{3}^{4} \frac{x}{(2-x)^3}\, dx$

1. Weg: $\displaystyle\int_{3}^{4} \frac{x}{(2-x)^3}\, dx = [(2-x)^{-2} - (2-x)^{-1}]_3^4 = -1,25$

(Die Stammfunktion ist bekannt, ▶ S. 54.)

2. Weg: $\displaystyle\int_{3}^{4} \frac{x}{(2-x)^3}\, dx = \int_{2-3}^{2-4} \frac{2-t}{t^3} \cdot (-1)\, dt =$

$\displaystyle\int_{-1}^{-2} (-2t^{-3} + t^{-2})\, dt = [t^{-2} - t^{-1}]_{-1}^{-2} = \frac{1}{4} + \frac{1}{2} - 1 - 1 = -1,25$

2. Fassung der *Substitutionsregel*:

> **SATZ**
>
> Ist die Funktion f in dem Intervall $[a; b]$ stetig und existiert auf $[a; b]$ die Umkehrfunktion g^{-1} zur Funktion g, die im Bereich $g^{-1}([a; b])$ stetig differenzierbar ist, so gilt:
>
> $\displaystyle\int_{a}^{b} f(x)\, dx = \int_{g^{-1}(a)}^{g^{-1}(b)} f(g(t)) \cdot g'(t)\, dt$ mit $x = g(t)$.

BEACHTE Praktisches Vorgehen:

1. Suche einen geeigneten Substitutionsterm $t = g^{-1}(x)$ oder $x = g(t)$, löse nach der anderen Variablen auf und bestimme $g'(t)$.

2. Substituiere x durch $g(t)$ und dx durch $g'(t)\, dt$ und die Integrationsgrenzen a und b durch $g^{-1}(a)$ und $g^{-1}(b)$.

3. Berechne das neue Integral.

BEISPIELE

♦ $\displaystyle\int_{0}^{0,75} \frac{x}{\sqrt{1-x}}\, dx = \int_{\sqrt{1-0}}^{\sqrt{1-0,75}} \frac{(1-t^2)}{t} \cdot (-2t)\, dt = -2 \int_{1}^{0,5} (1-t^2)\, dt$

(Substitution: $t = \sqrt{1-x} = g^{-1}(x) \Rightarrow x = 1 - t^2 = g(t)$ und $dx = -2t\, dt$.)

$= -2 \cdot \left[t - \frac{t^3}{3} \right]_{1}^{0,5} = -2 \cdot \left[\left(0,5 - \frac{0,5^3}{3} \right) - \left(1 - \frac{1^3}{3} \right) \right]_{1}^{0,5} = \frac{5}{12}$

- $\displaystyle\int_0^1 e^x \cdot \sqrt{e^x - 1}\ dx = \int_{e^0 - 1}^{e^1 - 1} (t + 1) \cdot \sqrt{t} \cdot \frac{1}{t + 1}\ dt$

  (Substitution: $t = e^x - 1 = g^{-1}(x) \Rightarrow e^x = t + 1,\ x = \ln(t + 1) = g(t)$

  und $dx = \dfrac{1}{t + 1}\ dt.$)

  $\displaystyle\int_0^{e-1} \sqrt{t}\ dt = \left[\frac{t^{1,5}}{1,5}\right]_0^{e-1} = \frac{2}{3}(e - 1)^{1,5} \approx 1,5$

Partielle Integration

Durch „Umkehrung" der Produktregel der Differentialrechnung (▶ S. 37) kann man „kompliziertere" Funktionen integrieren. Sind die Funktionen u und v im Intervall $[a;b]$ differenzierbar, so ist auch die Funktion $f = u \cdot v$ in $[a;b]$ differenzierbar, und es gilt nach der Produktregel für alle $x \in [a;b]$:

$f'(x) = [u(x) \cdot v(x)]' = u'(x) \cdot v(x) + u(x) \cdot v'(x).$

$\displaystyle\int_a^b f'(x)\ dx = \int_a^b u'(x) \cdot v(x)\ dx + \int_a^b u(x) \cdot v'(x)\ dx \Rightarrow$

$[f(x)]_a^b = [u(x) \cdot v(x)]_a^b = \displaystyle\int_a^b u'(x) \cdot v(x)\ dx + \int_a^b u(x) \cdot v'(x)\ dx$

> ### SATZ
>
> **Partielle Integration:**
> Lässt sich eine Integrandenfunktion als Produkt zweier Funktionen u und v' darstellen, wobei u eine in dem Intervall $[a;b]$ stetig differenzierbare Funktion und v' eine in $[a;b]$ stetige Funktion ist, so gilt:
> $$\int_a^b u(x) \cdot v'(x)\ dx = [u(x) \cdot v(x)]_a^b - \int_a^b u'(x) \cdot v(x)\ dx,$$
> wobei v eine Stammfunktion von v' ist und u' die stetige Ableitung von u ist.

BEISPIELE

- $\displaystyle\int_0^\pi x \cdot \sin x\ dx = [x \cdot (-\cos x)]_0^\pi - \int_0^\pi 1 \cdot (-\cos x)\ dx$

  $= [\pi \cdot 1 - 0 \cdot (-1)] - [\sin x]_0^\pi = \pi - (0 - 0) = \pi$

  $(u(x) = x,\ v'(x) = \sin x \Rightarrow u'(x) = 1$ und $v(x) = -\cos x)$

- $\displaystyle\int_0^1 x \cdot e^x\ dx = [x \cdot e^x]_0^1 - \int_0^1 1 \cdot e^x\ dx = (e - 0) - [e^x]_0^1 = 1$

  $(u(x) = x,\ v'(x) = e^x \Rightarrow u'(x) = 1$ und $v(x) = e^x)$

Integration durch Partialbruchzerlegung

Bei der Integration rationaler Funktionen, bei denen der Grad des Zählerpolynoms kleiner ist als der Grad des Nennerpolynoms, kann die Methode der *Partialbruchzerlegung* helfen:
Der Bruchterm wird als Summe von Teilbrüchen dargestellt.

BEISPIEL

$$f(x) = \frac{2x + 6}{x^2 - 1} = \frac{2x + 6}{(x + 1)(x - 1)} = \frac{A}{x + 1} + \frac{B}{x - 1}$$

$$= \frac{A(x - 1) + B(x + 1)}{(x + 1)(x - 1)} = \frac{(A + B)x + (B - A)}{(x + 1)(x - 1)}$$

Da die Zähler übereinstimmen müssen, folgt:

$A + B = 2$ und $B - A = 6 \Leftrightarrow A = -2$ und $B = 4$.

Also gilt: $f(x) = \frac{2x + 6}{x^2 - 1} = \frac{-2}{x + 1} + \frac{4}{x - 1}$ und damit:

$$\int f(x)\, dx = \int \frac{2x + 6}{x^2 - 1}\, dx = \int \frac{-2}{x + 1}\, dx + \int \frac{4}{x - 1}\, dx$$

$$= -2\ln|x + 1| + 4\ln|x - 1| + C.$$

Jede rationale Funktion lässt sich durch Polynomdivision (▶ S. 23) so umformen, dass eine Summe aus einem Polynom und einer echt gebrochenrationalen Funktion entsteht. Dann kann mithilfe der Partialbruchzerlegung integriert werden.

BEISPIEL

$$f(x) = \frac{3x^4 - 5x^2 + 2x + 8}{x^2 - 1} = 3x^2 - 2 + \frac{2x + 6}{x^2 - 1}$$

$$\int \frac{3x^4 - 5x^2 + 2x + 8}{x^2 - 1}\, dx = \int (3x^2 - 2)\, dx + \int \frac{2x + 6}{x^2 - 1}\, dx$$

$$= x^3 - 2x - 2\ln|x + 1| + 4\ln|x - 1| + C. \ (\text{▶ letztes Beispiel}).$$

3.4 Uneigentliche Integrale

Integrale mit nicht beschränktem Integrationsbereich

In diesem Abschnitt werden nicht beschränkte Intervalle als Integrationsbereiche betrachtet.

> Ist die Funktion $f: x \mapsto f(x)$ für $x \geq a$ bzw. $x \leq b$ integrierbar, so ist, sofern der Grenzwert existiert,
> $$\int_a^\infty f(x)\,dx = \lim_{b \to \infty} \int_a^b f(x)\,dx \text{ bzw. } \int_{-\infty}^b f(x)\,dx = \lim_{a \to -\infty} \int_a^b f(x)\,dx.$$
> Solche Integrale heißen **uneigentliche Integrale** 1. Art.

BEISPIELE

- $\displaystyle\int_1^\infty x^{-2}\,dx = \lim_{b \to \infty} \int_1^b x^{-2}\,dx = \lim_{b \to \infty} \left[-x^{-1}\right]_1^b = \lim_{b \to \infty}\left(-b^{-1} + 1\right) = 1$

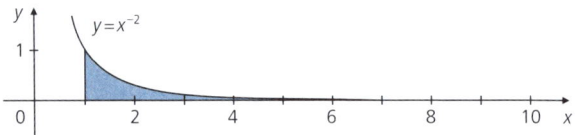

- $\displaystyle\int_{-\infty}^1 e^x\,dx = \lim_{a \to -\infty} \int_a^1 e^x\,dx = \lim_{a \to -\infty}\left[e^x\right]_a^1 = \lim_{a \to -\infty}\left(e^1 - e^a\right) = e$

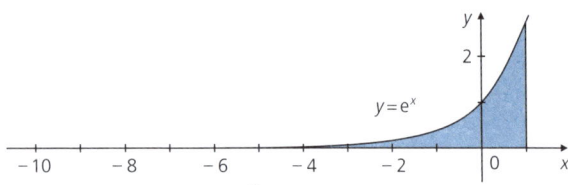

- Für $a \in \mathbb{R}^+$ und $k > 1$ gilt: $\displaystyle\int_a^\infty \frac{1}{x^k}\,dx = -\frac{a^{1-k}}{1-k}$.

- Für die Gauß'sche *Integralfunktion* (▶ S. 161)
  $$\Phi(x) = \frac{1}{\sqrt{2\pi}} \cdot \int_{-\infty}^x e^{-\frac{1}{2} \cdot t^2}\,dt,\ x \in \mathbb{R},\ \text{gilt:}\ \frac{1}{\sqrt{2\pi}} \cdot \int_{-\infty}^{+\infty} e^{-\frac{1}{2} \cdot t^2}\,dt = 1.$$

Integrale mit nicht beschränktem Integranden

Es werden Integrale betrachtet, deren Integrandenfunktionen am Rand des Integrationsbereiches nicht beschränkt sind.

Ist die Funktion $f: x \mapsto f(x)$ im Intervall $]a; b]$ bzw. $[a; b[$ integrierbar und bei $x = a$ bzw. $x = b$ nicht beschränkt, so bedeutet

$$\int_a^b f(x)\,dx = \lim_{\substack{t \to a \\ t > a}} \int_t^b f(x)\,dx \text{ bzw. } \int_a^b f(x)\,dx = \lim_{\substack{t \to b \\ t < b}} \int_a^t f(x)\,dx,$$

vorausgesetzt der jeweilige Grenzwert existiert.

Solche Integrale heißen *__uneigentliche Integrale__* 2. Art.

BEISPIELE

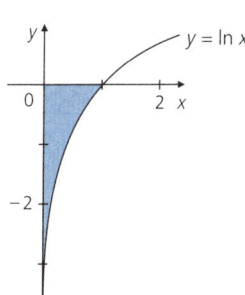

◆ $\displaystyle\int_0^{16} x^{-0,25}\,dx = \lim_{\substack{t \to 0 \\ t > 0}} \int_t^{16} x^{-0,25}\,dx = \lim_{\substack{t \to 0 \\ t > 0}} \left[\frac{x^{-0,25+1}}{-0,25+1} \right]_t^{16}$

$= \displaystyle\lim_{\substack{t \to 0 \\ t > 0}} \left(\frac{4}{3} \cdot 16^{0,75} - \frac{4}{3} \cdot t^{0,75} \right) = \frac{32}{3}$

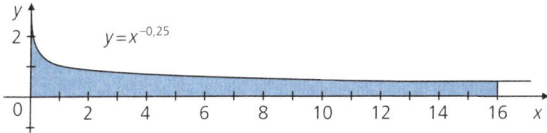

◆ Für $b \in \mathbb{R}^+$ und $0 < k < 1$ gilt:

$$\int_0^b \frac{1}{x^k}\,dx = \frac{b^{1-k}}{1-k}$$

◆ $\displaystyle\int_0^1 \ln x\,dx = -\int_{-\infty}^0 e^x\,dx = -1$

3.5 Anwendungen

Berechnung von Flächeninhalten

Zunächst soll die Flächenmaßzahl A einer Fläche zwischen dem Graphen G_f einer Funktion f und der x-Achse über einem Intervall $[a; b]$ bestimmt werden.

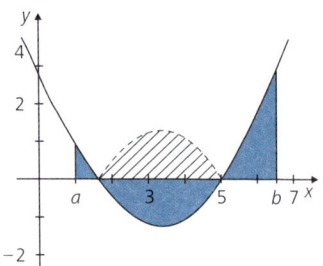

Wechselt die Funktion f im Intervall $[a; b]$ das Vorzeichen, so gibt das Integral von a bis b über f nur eine Bilanz der Flächenmaßzahlen an. Deshalb gilt:

$$A = \left| \int_a^b |f(x)| \, \mathrm{d}x \right|.$$

Für $a \leq b$ fallen die äußeren Betragsstriche weg. Ist $f(x) \geq 0$ für alle $x \in [a; b]$, fallen die inneren Betragsstriche weg.

BEISPIELE

♦ $A = \displaystyle\int_{-1}^{3} |x^2 - 2x| \, \mathrm{d}x$

Da die Funktion im Integrationsbereich zweimal das Vorzeichen wechselt, wird zur Beseitigung des Betrags das Integral in drei Teilintegrale aufgespalten. Die neuen Integrationsgrenzen sind die Nullstellen der Integrandenfunktion.

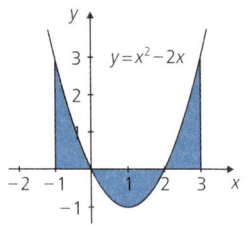

$$A = \int_{-1}^{0} (x^2 - 2x) \, \mathrm{d}x + \int_{0}^{2} -(x^2 - 2x) \, \mathrm{d}x + \int_{2}^{3} (x^2 - 2x) \, \mathrm{d}x$$

$$= \left[\frac{x^3}{3} - x^2 \right]_{-1}^{0} - \left[\frac{x^3}{3} - x^2 \right]_{0}^{2} + \left[\frac{x^3}{3} - x^2 \right]_{2}^{3} = \frac{4}{3} + \frac{4}{3} + \frac{4}{3} = 4$$

◆ $A = \int_{-2}^{2} |x^3|\, dx = 2 \cdot \int_{0}^{2} x^3\, dx$

$= 2 \cdot \left[\dfrac{x^4}{4}\right]_{0}^{2} = 2 \cdot 4 = 8$

Ist der Integrationsbereich symmetrisch bezüglich 0 und die Integrandenfunktion f gerade oder ungerade, so gilt:
$A = \int_{-a}^{a} |f(x)|\, dx = 2 \cdot \int_{0}^{a} |f(x)|\, dx$
mit $a \geq 0$.

Nun soll die Flächenmaßzahl A einer Fläche zwischen den Graphen G_f und G_g zweier Funktionen f und g über einem Intervall $[a; b]$ bestimmt werden. Ist $f(x) \geq g(x) \geq 0$ für alle $x \in [a; b]$, so gilt:

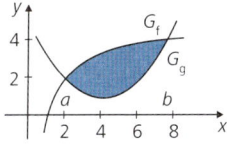

$A = \int_{a}^{b} f(x)\, dx - \int_{a}^{b} g(x)\, dx = \int_{a}^{b} (f(x) - g(x))\, dx.$

Allgemein gilt: $A = \left| \int_{a}^{b} |f(x) - g(x)| \cdot dx \right|.$

BEISPIEL Fläche zwischen Parabel und Gerade:
$f: x \mapsto -0{,}5x^2 + 1;\ x \in \mathbb{R}$
$g: x \mapsto 0{,}5x;\ x \in \mathbb{R}$
Die Schnittpunkte sind
$S_1(-2|-1)$ und $S_2(1|0{,}5)$.

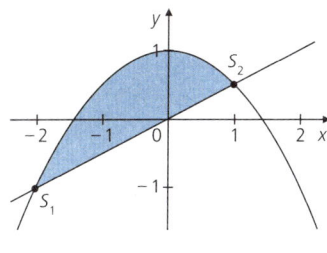

$A = \int_{-2}^{1} (f(x) - g(x))\, dx$

$= \int_{-2}^{1} \left((-0{,}5x^2 + 1) - 0{,}5x \right) dx = 2{,}25$

Berechnung von Rauminhalten von Rotationskörpern

Es sei $f\colon x \mapsto f(x)$ eine im Intervall $[a;b]$ definierte und stetige Funktion. Das von der x-Achse und dem Graphen G_f in $[a;b]$ begrenzte Flächenstück rotiere um die x-Achse. Dabei entsteht ein *Rotationskörper* mit der Raummaßzahl V.

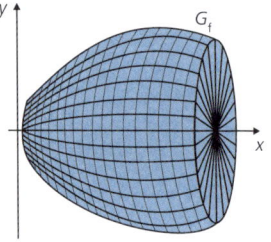

Für dieses Volumen gilt: $V = \int\limits_a^b \pi \cdot (f(x))^2 \, \mathrm{d}x$.

BEISPIEL

$f\colon x \mapsto \sqrt{r^2 - x^2};\ x \in [-r;r]$

Der entstehende Rotationskörper ist eine Kugel.

$$V_{\text{Kugel}} = \int\limits_{-r}^{r} \pi \cdot (f(x))^2 \, \mathrm{d}x$$

$$\int\limits_{-r}^{r} \pi \cdot \left(\sqrt{r^2 - x^2}\right)^2 \mathrm{d}x$$

$$= \pi \cdot \int\limits_{-r}^{r} (r^2 - x^2) \, \mathrm{d}x$$

$$= \pi \cdot \left[r^2 x - \frac{x^3}{3} \right]_{-r}^{r}$$

$$= \pi \cdot \left(\left(r^3 - \frac{1}{3} r^3 \right) - \left(-r^3 + \frac{1}{3} r^3 \right) \right) = \frac{4}{3} \pi r^3$$

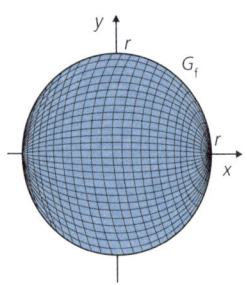

Integrale in der Physik

Das *Arbeitsintegral* $W = \int\limits_a^b F(x) \, \mathrm{d}x$ ist die von einer Kraft

$F\colon x \mapsto F(x),\ x \in [a;b]$, in Wegrichtung längs des Weges von a nach b verrichtete Arbeit W.

BEISPIEL   Arbeit im Coulombfeld

Eine Ladung q wird der ortsfesten Ladung Q aus großer Entfernung (dem Unendlichen) bis auf den Abstand d angenähert. Dabei ist die erforderliche Kraft $F(x)$ gegengleich zur Coulombkraft $F_c(x)$: $F(x) = -F_c(x)$.

Mit $F_c(x) = \dfrac{qQ}{4\pi\varepsilon_0 r^2}$ (Coulomb'sches Kraftgesetz) gilt:

$$W = \int\limits_{\infty}^{d} F(x)\,\mathrm{d}x = \int\limits_{\infty}^{d} -F_c(x)\,\mathrm{d}x = \int\limits_{\infty}^{d} -\frac{qQ}{4\pi\varepsilon_0 r^2}\,\mathrm{d}r = -\frac{qQ}{4\pi\varepsilon_0} \int\limits_{\infty}^{d} \frac{1}{r^2}\,\mathrm{d}r$$

$$= \lim_{a\to\infty} -\frac{qQ}{4\pi\varepsilon_0} \cdot \int\limits_{a}^{d} \frac{1}{r^2}\,\mathrm{d}r = -\frac{qQ}{4\pi\varepsilon_0} \cdot \lim_{a\to\infty} \left[-\frac{1}{r}\right]_{a}^{d} = \frac{qQ}{4\pi\varepsilon_0 d}$$

Der zeitliche *Mittelwert:* Ändert sich eine Größe im Zeitintervall $[t_1; t_2]$ nach der Zeit-Größen-Funktion: $G: t \mapsto G(t)$, $t \in [t_1; t_2]$,

so gilt für den zeitlichen Mittelwert $\overline{G}$: $\overline{G} = \dfrac{1}{t_2 - t_1} \cdot \int\limits_{t_1}^{t_2} G(t)\,\mathrm{d}t$.

BEISPIEL

Die mittlere Leistung $\overline{P}$ eines sinusförmigen Wechselstromes T ist die Periodendauer, für die gilt: $\omega \cdot T = 2 \cdot \pi$.

Mit $P(t) = U(t) \cdot I(t) = U_0 \cdot \sin \omega t \cdot I_0 \cdot \sin \omega t$ gilt:

$$\overline{P} = \frac{1}{T} \cdot \int\limits_{0}^{T} U(t) \cdot I(t)\,\mathrm{d}t = \frac{1}{T} \cdot \int\limits_{0}^{T} (U_0 \cdot \sin\omega t \cdot I_0 \cdot \sin \omega t)\,\mathrm{d}t$$

$$= \frac{U_0 \cdot I_0}{T} \cdot \int\limits_{0}^{T} \sin^2 \omega t\,\mathrm{d}t = \frac{U_0 \cdot I_0}{T} \cdot \int\limits_{0}^{2\pi} \sin^2 \varphi \cdot \frac{1}{\omega}\,\mathrm{d}\varphi$$

(Substitution: $\varphi = \omega t$, $t = \dfrac{1}{\omega} \cdot \varphi$ und $\mathrm{d}t = \dfrac{1}{\omega}\,\mathrm{d}\varphi$ (▶ S. 55 f).

$$= \frac{U_0 \cdot I_0}{\omega \cdot T} \cdot \int\limits_{0}^{2\pi} \sin^2 \varphi\,\mathrm{d}\varphi = \frac{U_0 \cdot I_0}{\omega \cdot T} \left[\frac{1}{2} \cdot (\varphi - \sin \varphi \cdot \cos \varphi)\right]_{0}^{2\pi}$$

$$= \frac{U_0 \cdot I_0}{\omega \cdot T} \cdot \frac{1}{2} \cdot 2\pi = \frac{U_0 \cdot I_0}{2}$$

4 Lineare Algebra und Analytische Geometrie

4.1 Lineare Gleichungssysteme

Homogene und inhomogene Gleichungssysteme

> Eine Und-Verknüpfung von linearen Gleichungen heißt **lineares Gleichungssystem**.
> Das System
> (I) $a_{11} x_1 + a_{12} x_2 + a_{13} x_3 = b_1$
> (II) $a_{21} x_1 + a_{22} x_2 + a_{23} x_3 = b_2$
> (III) $a_{31} x_1 + a_{32} x_2 + a_{33} x_3 = b_3$
> mit $a_{11}, \ldots, a_{33}, b_1, b_2, b_3 \in \mathbb{R}$ heißt **lineares Gleichungssystem** aus drei Gleichungen mit drei Variablen. Die reellen Zahlen $a_{11}, \ldots, a_{33}$ heißen **Koeffizienten**.
> Ist $b_1 = b_2 = b_3 = 0$, so heißt das Gleichungssystem **homogen**, sonst **inhomogen**.

In der vektoriellen Geometrie wird das Gleichungssystem auch so geschrieben: $x_1 \cdot \vec{a_1} + x_2 \cdot \vec{a_2} + x_3 \cdot \vec{a_3} = \vec{b}$, wobei

$$\vec{a_1} = \begin{pmatrix} a_{11} \\ a_{21} \\ a_{31} \end{pmatrix}, \vec{a_2} = \begin{pmatrix} a_{12} \\ a_{22} \\ a_{32} \end{pmatrix}, \vec{a_3} = \begin{pmatrix} a_{13} \\ a_{23} \\ a_{33} \end{pmatrix}, \vec{b} = \begin{pmatrix} b_1 \\ b_2 \\ b_3 \end{pmatrix}.$$

Im Folgenden werden auch lineare Gleichungssysteme aus zwei Gleichungen mit zwei Variablen behandelt.

Einsetzungs- und Additionsverfahren

Das *Einsetzungsverfahren*

BEACHTE Eine der Gleichungen wird nach einer Variablen aufgelöst. Der ermittelte Term für diese Variable wird in die anderen Gleichungen eingesetzt.

Das *Additionsverfahren*
Man multipliziert zwei Gleichungen so, dass eine Variable in beiden entstehenden Gleichungen bis auf das entgegengesetzte Vorzeichen den gleichen Koeffizienten hat. Dann addiert man die linken und die rechten Seiten der entstandenen Gleichungen, wobei diese Variable herausfällt, und setzt die Ergebnisse gleich.

BEISPIEL

(I) $\quad\; x_1 + x_2 + x_3 = 1$
(II) $\quad 2x_1 - x_2 - 3x_3 = -2$ $\qquad\qquad\qquad\qquad \Leftrightarrow$
(III) $\;\; 3x_1 + 2x_2 - 2x_3 = -5$

Erst Additionsverfahren: (II) + (I) und (III) + 2 · (I)

(I) $\qquad\qquad x_1 + x_2 + x_3 = 1$
(II) + (I) $\qquad 3x_1 \qquad\quad - 2x_3 = -1$ $\qquad\qquad\qquad \Leftrightarrow$
(III) + 2 · (I) $\quad 5x_1 + 4x_2 \qquad\quad = -3$

2. Zeile nach x_3, 3. Zeile nach x_2 auflösen

(I) $\qquad\quad x_1 + x_2 + x_3 = 1$
(II*) $\qquad\qquad\qquad\qquad x_3 = 1{,}5x_1 + 0{,}5$ $\qquad\qquad \Leftrightarrow$
(III*) $\qquad\qquad x_2 \qquad\qquad = -1{,}25x_1 - 0{,}75$

Dann Einsetzungsverfahren: (II*) und (III*) in (I)

(I*) $\qquad\; x_1 + (-\mathbf{1{,}25x_1} - \mathbf{0{,}75}) + (\mathbf{1{,}5x_1 + 0{,}5}) = 1$
(II*) $\qquad\qquad\qquad\qquad x_3 = 1{,}5x_1 + 0{,}5$ $\qquad\quad \Leftrightarrow$
(III*) $\qquad\qquad x_2 \qquad\qquad = -1{,}25x_1 - 0{,}75$

Ergebnis von (I*) in (II*) und (III*) einsetzen:

(I*) $\qquad 1{,}25x_1 = 1{,}25 \qquad\qquad\qquad x_1 = 1$
(II*) $\qquad\quad x_3 = 1{,}5 \cdot \mathbf{1} + 0{,}5 \qquad \Leftrightarrow \qquad x_3 = 2$
(III*) $\qquad\; x_2 = -1{,}25 \cdot \mathbf{1} - 0{,}75 \qquad\qquad x_2 = -2$

$L = \{(1|-2|2)\}$.

Matrizen

Eine *Matrix* ist ein System von $m \cdot n$ Zahlen, die in einem rechteckigen Schema von m Zeilen und n Spalten angeordnet sind.

BEISPIELE

◆ $\begin{pmatrix} a_{11}\, a_{12} \\ a_{21}\, a_{22} \end{pmatrix}$ ist eine 2 · 2-Matrix;

◆ $\begin{pmatrix} a_{11}\, a_{12}\, a_{13} \\ a_{21}\, a_{22}\, a_{23} \\ a_{31}\, a_{32}\, a_{33} \end{pmatrix}$ ist eine 3 · 3-Matrix.

Matrizen finden z. B. als Koeffizientenschema für ein System von m linearen Gleichungen mit n Variablen Verwendung.

BEISPIEL

(I) $a_{11} x_1 + a_{12} x_2 + a_{13} x_3 = b_1$
(II) $a_{21} x_1 + a_{22} x_2 + a_{23} x_3 = b_2$
(III) $a_{31} x_1 + a_{32} x_2 + a_{33} x_3 = b_3$

Koeffizientenmatrix A bzw. erweiterte Koeffizientenmatrix

$$A = \begin{pmatrix} a_{11} & a_{12} & a_{13} \\ a_{21} & a_{22} & a_{23} \\ a_{31} & a_{32} & a_{33} \end{pmatrix}; \qquad \begin{pmatrix} a_{11} & a_{12} & a_{13} & b_1 \\ a_{21} & a_{22} & a_{23} & b_2 \\ a_{31} & a_{32} & a_{33} & b_3 \end{pmatrix}$$

Eine $n \cdot n$-Matix heißt **Diagonalmatrix**, wenn alle Zahlen a_{ij} ($i \neq j$), die nicht in der Diagonale stehen, 0 sind. Eine $n \cdot n$-Matix heißt **Dreiecksmatrix**, wenn alle Zahlen a_{ij} ($i > j$ bzw. $i < j$), die unterhalb bzw. oberhalb der Diagonale stehen, 0 sind.

BEISPIELE

◆ Dreiecksmatrix: $\begin{pmatrix} 1 & 2 & 3 \\ 0 & 5 & 6 \\ 0 & 0 & 9 \end{pmatrix}$

◆ Diagonalmatrix: $\begin{pmatrix} 1 & 0 & 0 \\ 0 & 5 & 0 \\ 0 & 0 & 9 \end{pmatrix}$

Eine Matrix kann man als System von n Vektoren ansehen.

Determinanten

$$D = \begin{vmatrix} a_{11} & a_{12} \\ a_{21} & a_{22} \end{vmatrix} = a_{11} \cdot a_{22} - a_{21} \cdot a_{12}$$

heißt **zweireihige Determinante**.

$$D = \begin{vmatrix} a_{11} & a_{12} & a_{13} \\ a_{21} & a_{22} & a_{23} \\ a_{31} & a_{32} & a_{33} \end{vmatrix} = \begin{array}{l} a_{11} \cdot a_{22} \cdot a_{33} + a_{12} \cdot a_{23} \cdot a_{31} + a_{13} \cdot a_{21} \cdot a_{32} \\ - a_{31} \cdot a_{22} \cdot a_{13} - a_{32} \cdot a_{23} \cdot a_{11} - a_{33} \cdot a_{21} \cdot a_{12} \end{array}$$

heißt **dreireihige Determinante**.

Regel von Sarrus:
Die Elemente längs der einzelnen Pfeile werden miteinander multipliziert. Anschließend addiert man die Produkte mit den angegebenen Vorzeichen.

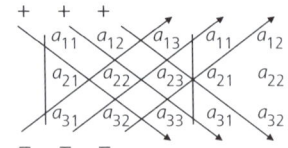

BEISPIEL

$$\begin{vmatrix} 1 & 2 & 3 \\ 4 & 5 & 6 \\ 7 & 8 & 9 \end{vmatrix} = \begin{matrix} 1 \cdot 5 \cdot 9 + 2 \cdot 6 \cdot 7 + 3 \cdot 4 \cdot 8 \\ - 7 \cdot 5 \cdot 3 - 8 \cdot 6 \cdot 1 - 9 \cdot 4 \cdot 2 \end{matrix} = 0$$

DETERMINANTENSÄTZE:

◆ Der Wert einer Determinante ändert sich nicht, wenn man die Zeilen mit den Spalten vertauscht oder die mit dem gleichen Faktor multiplizierten Elemente einer Reihe (d. h. Spalte oder Zeile) zu den entsprechenden Elementen einer parallelen Reihe addiert.

◆ Eine Determinante ändert ihr Vorzeichen, wenn man zwei parallele Reihen vertauscht.

◆ Eine Determinante hat den Wert null, wenn alle Elemente einer Reihe null sind oder zwei parallele Reihen gleich oder proportional sind.

Das Gauß-Verfahren

BEACHTE Das zu lösende Gleichungssystem wird durch Äquivalenzumformungen (vgl. Additionsverfahren) auf Stufenform gebracht und dann wird schrittweise nach den Variablen x_3, x_2 und x_1 aufgelöst.

BEISPIEL

$$
\begin{array}{lrcl}
\text{(I)} & 4x_1 - x_2 + 3x_3 &=& -1 \\
\text{(II)} & -x_1 + x_2 - x_3 &=& 1 \qquad \Leftrightarrow \\
\text{(III)} & 2x_1 + x_2 - 4x_3 &=& -2
\end{array}
$$

$$
\begin{array}{lrcl}
\text{(I)} & 4x_1 - x_2 + 3x_3 &=& -1 \\
\text{(II)} + 0{,}25 \cdot \text{(I)} & 0{,}75x_2 - 0{,}25x_3 &=& 0{,}75 \quad \Leftrightarrow \\
\text{(III)} - 0{,}5 \cdot \text{(I)} & 1{,}5x_2 - 5{,}5x_3 &=& -1{,}5
\end{array}
$$

$$
\begin{array}{lrcl}
\text{(I)} & 4x_1 - x_2 + 3x_3 &=& -1 \\
\text{(II*)} & 0{,}75x_2 - 0{,}25x_3 &=& 0{,}75 \quad \Leftrightarrow \\
\text{(III)} - 2 \cdot \text{(II*)} & -5x_3 &=& -3
\end{array}
$$

(Die Stufenform ist erreicht. x_3 wird aus der dritten Gleichung berechnet und in die beiden anderen Gleichungen eingesetzt.)

$$
\begin{array}{rcl}
4\,x_1 - x_2 + 3 \cdot 0{,}6 &=& -1 \\
0{,}75x_2 - 0{,}25 \cdot 0{,}6 &=& 0{,}75 \quad \Leftrightarrow \\
x_3 &=& 0{,}6
\end{array}
$$

(Jetzt wird x_2 aus der zweiten Gleichung berechnet, in die erste Gleichung eingesetzt und x_1 berechnet.)

$$
\begin{aligned}
4x_1 - 1{,}2 + 3 \cdot 0{,}6 &= -1 \\
x_2 &= 1{,}2 \qquad \Leftrightarrow \\
x_3 &= 0{,}6 \\
x_1 &= -0{,}4 \\
x_2 &= 1{,}2 \\
x_3 &= 0{,}6
\end{aligned}
$$

Das Zahlentripel $(-0{,}4 \mid 1{,}2 \mid 0{,}6)$ ist die Lösung des Gleichungssystems. $L = \{(-0{,}4 \mid 1{,}2 \mid 0{,}6)\}$.

Dieses Lösungsverfahren lässt sich auch mit Matrizen durchführen:

BEISPIEL (Fortsetzung)

Die zugehörige erweiterte Koeffizientenmatrix ist:

$$
\left(\begin{array}{ccc|c}
4 & -1 & 3 & -1 \\
-1 & 1 & -1 & 1 \\
2 & 1 & -4 & -2
\end{array}\right)
$$

Die Koeffizientenmatrix (links vom Trennstrich) wird nun auf Diagonalform gebracht. Dazu wird z. B. zur zweiten Zeile die mit 0,25 multiplizierte erste Zeile addiert und zur dritten Zeile die mit $-0{,}5$ multiplizierte erste Zeile:

$$
\left(\begin{array}{ccc|c}
4 & -1 & 3 & -1 \\
-1 & 1 & -1 & 1 \\
2 & 1 & -4 & -2
\end{array}\right)
\qquad \cdot\, 0{,}25 \qquad \cdot\,(-0{,}5)
$$

Man erhält dadurch folgende Matrix, bei der zur dritten Zeile die mit -2 multiplizierte zweite Zeile addiert wird:

$$
\left(\begin{array}{ccc|c}
4 & -1 & 3 & -1 \\
0 & 0{,}75 & -0{,}25 & 0{,}75 \\
0 & 1{,}5 & -5{,}5 & -1{,}5
\end{array}\right)
\qquad \cdot\,(-2) \qquad \mid : 4
$$

Die Dreiecksform wird nun auf Diagonalform gebracht.

$$
\left(\begin{array}{ccc|c}
1 & -0{,}25 & 0{,}75 & -0{,}25 \\
0 & 0{,}75 & -0{,}25 & 0{,}75 \\
0 & 0 & -5 & -3
\end{array}\right)
\qquad \mid :(-5) \quad \cdot\,(-0{,}75) \quad \cdot\,0{,}25
$$

$$
\left(\begin{array}{ccc|c}
1 & -0{,}25 & 0 & -0{,}7 \\
0 & 0{,}75 & 0 & 0{,}9 \\
0 & 0 & 1 & 0{,}6
\end{array}\right)
\qquad : 3 \mid : 0{,}75
$$

$$
\left(\begin{array}{ccc|c}
1 & 0 & 0 & -0{,}4 \\
0 & 1 & 0 & 1{,}2 \\
0 & 0 & 1 & 0{,}6
\end{array}\right)
\qquad \text{Damit ist das Gleichungssystem gelöst.}
$$

Das Zahlentripel $(-0{,}4 \mid 1{,}2 \mid 0{,}6)$ ist die Lösung des Gleichungssystems. $L = \{(-0{,}4 \mid 1{,}2 \mid 0{,}6)\}$.

Die Cramer'sche Regel

SATZ

Das lineare Gleichungssystem

(I) $a_{11}\, x_1 + a_{12}\, x_2 = b_1$ mit $(a_{11}|a_{12}) \neq (0|0)$

(II) $a_{21}\, x_1 + a_{22}\, x_2 = b_2$ mit $(a_{21}|a_{22}) \neq (0|0)$

mit den reellen Zahlen a_{11}, a_{12}, a_{21}, a_{22}, b_1 und b_2 besitzt:

♦ *genau eine Lösung* $(x_1|x_2)$, wenn

$$D = \begin{vmatrix} a_{11} & a_{12} \\ a_{21} & a_{22} \end{vmatrix} = a_{11} \cdot a_{22} - a_{21} \cdot a_{12} \neq 0.\ (\blacktriangleright \text{S. 66})$$

Für die Lösung $(x_1|x_2)$ gilt dann:

$$x_1 = \frac{D_1}{D} = \frac{\begin{vmatrix} b_1 & a_{12} \\ b_2 & a_{22} \end{vmatrix}}{\begin{vmatrix} a_{11} & a_{12} \\ a_{21} & a_{22} \end{vmatrix}} = \frac{b_1 \cdot a_{22} - b_2 \cdot a_{12}}{a_{11} \cdot a_{22} - a_{21} \cdot a_{12}}$$

$$x_2 = \frac{D_2}{D} = \frac{\begin{vmatrix} a_{11} & b_1 \\ a_{21} & b_2 \end{vmatrix}}{\begin{vmatrix} a_{11} & a_{12} \\ a_{21} & a_{22} \end{vmatrix}} = \frac{a_{11} \cdot b_2 - a_{21} \cdot b_1}{a_{11} \cdot a_{22} - a_{21} \cdot a_{12}}$$

♦ *keine Lösung,* wenn $D = 0$ und $D_1 \neq 0$ oder $D_2 \neq 0$.

♦ *unendlich viele Lösungen,* wenn $D = D_1 = D_2 = 0$.

Dann gilt: $L = \{(x_1|x_2) \mid x_1,\, x_2 \in \mathbb{R} \wedge a_{11}\, x_1 + a_{12}\, x_2 = b_1\}$

BEISPIEL

(I) $\qquad 4x_1 + 3x_2 = 2$

(II) $\qquad 8x_1 + 6x_2 = 5$

$$D = \begin{vmatrix} 4 & 3 \\ 8 & 6 \end{vmatrix} = 4 \cdot 6 - 8 \cdot 3 = 0;\ D_1 = \begin{vmatrix} 2 & 3 \\ 5 & 6 \end{vmatrix} = 2 \cdot 6 - 5 \cdot 3 \neq 0$$

Das Gleichungssystem besitzt keine Lösung. $L = \{\ \}$.

SATZ

Das lineare Gleichungssystem

(I) $a_{11}x_1 + a_{12}x_2 + a_{13}x_3 = b_1$

(II) $a_{21}x_1 + a_{22}x_2 + a_{23}x_3 = b_2$

(III) $a_{31}x_1 + a_{32}x_2 + a_{33}x_3 = b_3$

mit den reellen Zahlen $a_{11}, \dots, a_{33}, b_1, b_2, b_3$ und mit
$(a_{11}|a_{12}|a_{13}) \neq (0|0|0)$, $(a_{21}|a_{22}|a_{23}) \neq (0|0|0)$ und $(a_{31}|a_{32}|a_{33}) \neq (0|0|0)$ besitzt:

◆ *genau eine Lösung* $(x_1|x_2|x_3)$, wenn

$$D = \begin{vmatrix} a_{11} & a_{12} & a_{13} \\ a_{21} & a_{22} & a_{23} \\ a_{31} & a_{32} & a_{33} \end{vmatrix} \neq 0 \text{ (Zur Berechnung (▶ S. 66).}$$

Für die Lösung $(x_1|x_2|x_3)$ gilt dann:

$$x_1 = \frac{D_1}{D}, \; x_2 = \frac{D_2}{D} \text{ und } x_3 = \frac{D_3}{D}, \text{ wobei}$$

$$D_1 = \begin{vmatrix} b_1 & a_{12} & a_{13} \\ b_2 & a_{22} & a_{23} \\ b_3 & a_{32} & a_{33} \end{vmatrix}, D_2 = \begin{vmatrix} a_{11} & b_1 & a_{13} \\ a_{21} & b_2 & a_{23} \\ a_{31} & b_3 & a_{33} \end{vmatrix} \text{ und } D_3 = \begin{vmatrix} a_{11} & a_{12} & b_1 \\ a_{21} & a_{22} & b_2 \\ a_{31} & a_{32} & b_3 \end{vmatrix}.$$

◆ *keine Lösung,* wenn $D = 0$ und $D_1 \neq 0$ oder $D_2 \neq 0$ oder $D_3 \neq 0$.

◆ *unendlich viele Lösungen oder keine Lösung,*
  wenn $D = D_1 = D_2 = D_3 = 0$.

BEISPIELE

◆ (I) $4x_1 - x_2 + 3x_3 = -2$

  (II) $-x_1 + x_2 - x_3 = 1$

  (III) $3x_1 + 2x_3 = 3$

$$D = \begin{vmatrix} 4 & -1 & 3 \\ -1 & 1 & -1 \\ 3 & 0 & 2 \end{vmatrix} = 4 \cdot 1 \cdot 2 + (-1) \cdot (-1) \cdot 3 + 3 \cdot (-1) \cdot 0$$
$$- 3 \cdot 1 \cdot 3 - 0 \cdot (-1) \cdot 4 - 2 \cdot (-1) \cdot (-1)$$
$$= 8 + 3 + 0 - 9 - 0 - 2 = 0$$

$$D_1 = \begin{vmatrix} -2 & -1 & 3 \\ 1 & 1 & -1 \\ 3 & 0 & 2 \end{vmatrix} = (-2) \cdot 1 \cdot 2 + (-1) \cdot (-1) \cdot 3 + 3 \cdot 1 \cdot 0$$
$$- 3 \cdot 1 \cdot 3 - 0 \cdot (-1) \cdot (-2) - 2 \cdot 1 \cdot (-1)$$
$$= -4 + 3 + 0 - 9 - 0 + 2 = -8 \neq 0$$

Das Gleichungssystem hat keine Lösung. $L = \{\;\}$.

◆ (I) $\quad 4x_1 - x_2 + 3x_3 = -1$
(II) $\quad -x_1 + x_2 - x_3 = 1$
(III) $2x_1 + x_2 - 4 \quad x_3 = -2$

$$D = \begin{vmatrix} 4 & -1 & 3 \\ -1 & 1 & -1 \\ 2 & 1 & -4 \end{vmatrix} = \begin{aligned} & 4 \cdot 1 \cdot (-4) + (-1) \cdot (-1) \cdot 2 + 3 \cdot (-1) \cdot 1 \\ & - 2 \cdot 1 \cdot 3 - 1 \cdot (-1) \cdot 4 - (-4) \cdot (-1) \cdot (-1) \end{aligned}$$
$$= -15 \neq 0;$$

d. h., es gibt genau eine Lösung.

$$D_1 = \begin{vmatrix} -1 & -1 & 3 \\ 1 & 1 & -1 \\ -2 & 1 & -4 \end{vmatrix} = \begin{aligned} & (-1) \cdot 1 \cdot (-4) + (-1) \cdot (-1) \cdot (-2) + 3 \cdot 1 \cdot 1 \\ & - (-2) \cdot 1 \cdot 3 - 1 \cdot (-1) \cdot (-1) - (-4) \cdot 1 \cdot (-1) \end{aligned}$$
$$= 6$$

$$D_2 = \begin{vmatrix} 4 & -1 & 3 \\ -1 & 1 & -1 \\ 2 & -2 & -4 \end{vmatrix} = \begin{aligned} & 4 \cdot 1 \cdot (-4) + (-1) \cdot (-1) \cdot 2 + 3 \cdot (-1) \cdot (-2) \\ & - 2 \cdot 1 \cdot 3 - (-2) \cdot (-1) \cdot 4 - (-4) \cdot (-1) \cdot (-1) \end{aligned}$$
$$= -18$$

$$D_3 = \begin{vmatrix} 4 & -1 & -1 \\ -1 & 1 & 1 \\ 2 & 1 & -2 \end{vmatrix} = \begin{aligned} & 4 \cdot 1 \cdot (-2) + (-1) \cdot 1 \cdot 2 + (-1) \cdot 1 \cdot (-1) \\ & - 2 \cdot 1 \cdot (-1) - 1 \cdot 1 \cdot 4 - (-2) \cdot (-1) \cdot (-1) \end{aligned}$$
$$= -9$$

$$x_1 = \frac{D_1}{D} = \frac{6}{-15} = -0,4; \; x_2 = \frac{D_2}{D} = \frac{-18}{-15} = 1,2; \; x_3 = \frac{D_3}{D} = \frac{-9}{-15} = 0,6$$

$L = \{(-0,4 | 1,2 | 0,6)\}$.

Übersicht über die Anzahl der Lösungen mit Deutungsmöglichkeiten im $\mathbb{R}^2$

Das lineare Gleichungssystem
(I) $a_{11}x_1 + a_{12}x_2 = b_1$ mit $(a_{11} | a_{12}) \neq (0 | 0)$
(II) $a_{21}x_1 + a_{22}x_2 = b_2$ mit $(a_{21} | a_{22}) \neq (0 | 0)$
mit den reellen Zahlen $a_{11}, a_{12}, a_{21}, a_{22}, b_1$ und b_2 besitzt entweder keine oder genau eine oder unendlich viele Lösungen (▶ S. 69).
Ist $b_1 = b_2 = 0$ (homogenes Gleichungssystem), so gibt es immer die triviale Lösung $(0 | 0)$.

Deutungsmöglichkeiten:

◆ Schnitt zweier Geraden g und h im $\mathbb{R}^2$. (▶ S. 94 ff.)

$g: a_{11} x_1 + a_{12} x_2 = b_1$; $h: a_{21} x_1 + a_{22} x_2 = b_2$.

$L = \{\,\} \Leftrightarrow g \parallel h$ und $g \neq h$ (g echt parallel zu h).

$L = \{(s_1 | s_2)\} \Leftrightarrow S(s_1 | s_2)$ ist Schnittpunkt von g und h.

$L = \{(x_1 | x_2) \in \mathbb{R}^2 \mid a_{11} x_1 + a_{12} x_2 = b_1\} \Leftrightarrow g = h$ (g und h sind identisch).

◆ Lineare Abhängigkeit zweier Vektoren im $\mathbb{R}^2$. (▶ S. 75)

$\vec{a_1} = \begin{pmatrix} a_{11} \\ a_{21} \end{pmatrix}$; $\vec{a_2} = \begin{pmatrix} a_{12} \\ a_{22} \end{pmatrix}$; $\vec{b} = \begin{pmatrix} b_1 \\ b_2 \end{pmatrix} = \begin{pmatrix} 0 \\ 0 \end{pmatrix} = \vec{0}$

$L = \{(0|0)\} \Leftrightarrow \vec{a_1}, \vec{a_2}$ sind linear unabhängig.

$L = \{(x_1 | x_2) \in \mathbb{R}^2 \mid a_{11} x_1 + a_{12} x_2 = 0\} \Leftrightarrow$
a_1, a_2 sind linear abhängig. (▶ S. 75)

◆ Linearkombination im $\mathbb{R}^2$. (▶ S. 75)

$x_1 \cdot \vec{a_1} + x_2 \cdot \vec{a_2} = \vec{b}$, wobei

$\vec{a_1} = \begin{pmatrix} a_{11} \\ a_{21} \end{pmatrix}$; $\vec{a_2} = \begin{pmatrix} a_{12} \\ a_{22} \end{pmatrix}$; $\vec{b} = \begin{pmatrix} b_1 \\ b_2 \end{pmatrix}$

Falls $\{\vec{a_1}, \vec{a_2}\}$ linear unabhängig ist, gibt es genau eine Lösung. Ist $\{\vec{a_1}, \vec{a_2}\}$ linear abhängig, gibt es entweder keine Lösung, falls $\vec{b}$ linear unabhängig von $\{\vec{a_1}, \vec{a_2}\}$ ist, oder andernfalls unendlich viele Lösungen.

Übersicht über die Anzahl der Lösungen mit Deutungsmöglichkeiten im $\mathbb{R}^3$

Das lineare Gleichungssystem

(I) $\quad a_{11} x_1 + a_{12} x_2 + a_{13} x_3 = b_1$
(II) $\quad a_{21} x_1 + a_{22} x_2 + a_{23} x_3 = b_2$
(III) $a_{31} x_1 + a_{32} x_2 + a_{33} x_3 = b_3$

mit den reellen Zahlen $a_{11}, \dots, a_{33}, b_1, b_2, b_3$ und mit $(a_{11} | a_{12} | a_{13}) \neq (0|0|0)$, $(a_{21} | a_{22} | a_{23}) \neq (0|0|0)$ und $(a_{31} | a_{32} | a_{33}) \neq (0|0|0)$ besitzt entweder keine oder genau eine oder unendlich viele Lösungen. (▶ S. 70)
Ist $b_1 = b_2 = b_3 = 0$ (homogenes Gleichungssystem), so gibt es immer die triviale Lösung $(0|0|0)$.

Deutungsmöglichkeiten:

◆ Schnitt einer Geraden g mit einer Ebene E (▶ S. 110 ff.)

$g: \vec{x} = \vec{a} + \lambda \cdot \vec{u}, \lambda \in \mathbb{R}$, $E: \vec{x} = \vec{b} + \mu \cdot \vec{v} + \sigma \cdot \vec{w}, \mu, \sigma \in \mathbb{R}$.

Das Gleichsetzungsverfahren ergibt:

$\vec{a} + \lambda \cdot \vec{u} = \vec{b} + \mu \cdot \vec{v} + \sigma \cdot \vec{w} \Leftrightarrow \lambda \cdot \vec{u} - \mu \cdot \vec{v} - \sigma \cdot \vec{w} = \vec{b} - \vec{a}$

$L = \{\} \Leftrightarrow g \parallel E$ und $g \not\subset E$ (g echt parallel zu E).

$L = \{(s_1|s_2|s_3)\} \Leftrightarrow S(s_1|s_2|s_3)$ ist Schnittpunkt von g und E.

$L = \left\{ (x_1|x_2|x_3) \in \mathbb{R}^3 \mid \vec{x} = \vec{a} + \lambda \cdot \vec{u}, \lambda \in \mathbb{R} \right\} \Leftrightarrow g \subset E$

(g liegt in der Ebene E).

◆ Lineare Abhängigkeit dreier Vektoren im $\mathbb{R}^3$ (▶ S. 75)

$$\vec{a_1} = \begin{pmatrix} a_{11} \\ a_{21} \\ a_{31} \end{pmatrix}, \vec{a_2} = \begin{pmatrix} a_{12} \\ a_{22} \\ a_{32} \end{pmatrix}, \vec{a_3} = \begin{pmatrix} a_{13} \\ a_{23} \\ a_{23} \end{pmatrix}, \vec{b} = \begin{pmatrix} b_1 \\ b_2 \\ b_3 \end{pmatrix} = \begin{pmatrix} 0 \\ 0 \\ 0 \end{pmatrix}.$$

$L = \{(0|0|0)\} \Leftrightarrow \vec{a_1}, \vec{a_2}$ und $\vec{a_3}$ sind linear unabhängig.

◆ Linearkombination im $\mathbb{R}^3$ (▶ S. 75)

$x_1 \cdot \vec{a_1} + x_2 \cdot \vec{a_2} + x_3 \cdot \vec{a_3} = \vec{b}$. Falls $\{\vec{a_1}, \vec{a_2}, \vec{a_3}\}$ linear unabhängig ist, gibt es genau eine Lösung, mit der sich $\vec{b}$ eindeutig als Linearkombination von $\vec{a_1}, \vec{a_2}$ und $\vec{a_3}$ darstellen lässt.

4.2 Vektoren

Grundbegriffe

Ordnet man einer Strecke eine Orientierung zu, indem man Anfangs- und Endpunkt festlegt, so erhält man einen **Pfeil.**

Unter einem *Vektor* (im $\mathbb{R}^2$ oder im $\mathbb{R}^3$) versteht man die Menge aller Pfeile mit gleicher Länge und Richtung. Pfeile derselben Länge und Richtung nennt man **parallelgleich.** Jeder Pfeil eines Vektors heißt **Repräsentant** des Vektors.

BEISPIEL

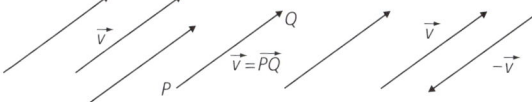

Die Schreibweise $\overrightarrow{PQ}$ wird für Pfeil und Vektor verwendet.

$-\vec{v}$ ist der **Gegenvektor** des Vektors $\vec{v}$.

Der Vektor, dessen Repräsentanten die Länge 0 haben, heißt **Nullvektor** $\vec{0}$.

Der Vektor $\vec{a} + \vec{b}$ heißt **Summenvektor,**

der Vektor $\vec{a} - \vec{b}$ heißt **Differenzvektor.**

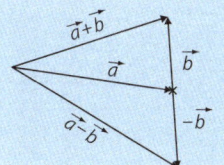

SATZ

1. Je zwei Vektoren $\vec{a}$ und $\vec{b}$ ist eindeutig ein Summenvektor $\vec{c}$ zugeordnet, sodass gilt: $\vec{c} = \vec{a} + \vec{b}$.
2. Für je drei Vektoren $\vec{a}$, $\vec{b}$ und $\vec{c}$ gilt das **Assoziativgesetz:**
$(\vec{a} + \vec{b}) + \vec{c} = \vec{a} + (\vec{b} + \vec{c})$.
3. Für alle Vektoren $\vec{a}$ gilt: $\vec{a} + \vec{0} = \vec{0} + \vec{a} = \vec{a}$.
4. Zu jedem Vektor $\vec{a}$ gibt es eindeutig ein inverses Element, den Gegenvektor $-\vec{a}$, sodass gilt: $\vec{a} + (-\vec{a}) = (-\vec{a}) + \vec{a} = \vec{0}$.
5. Für je zwei Vektoren $\vec{a}$ und $\vec{b}$ gilt das **Kommutativgesetz:**
$\vec{a} + \vec{b} = \vec{b} + \vec{a}$.

Eine **geschlossene Vektorkette** ist eine Summe von Vektoren mit dem Summenvektor $\vec{0}$.
$\vec{a} + \vec{b} + \vec{c} + \vec{d} + \vec{e} = \vec{0}$

Die Multiplikation einer reellen Zahl mit einem Vektor nennt man **S-Multiplikation.**
Der Vektor $r \cdot \vec{v}$ ($r \in \mathbb{R}$) ist r-mal so lang wir der Vektor $\vec{v}$.
Für $r > 0$ sind $r \cdot \vec{v}$ und $\vec{v}$ gleichgerichtet, für $r < 0$ sind sie entgegengesetzt gerichtet. Es gilt: $1 \cdot \vec{v} = \vec{v}$; $-1 \cdot \vec{v} = -\vec{v}$

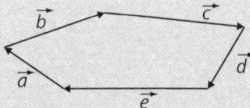

Zwei Vektoren $\vec{u}$ und $\vec{v}$ heißen **kollinear,** wenn ein Vektor ein Vielfaches des anderen Vektors ist.

SATZ

Für die S-Multiplikation gilt:
1. Jeder reellen Zahl r und jedem Vektor $\vec{v}$ ist eindeutig ein Vektor $r \cdot \vec{v}$ zugeordnet.
2. Für zwei reelle Zahlen r und s und einen Vektor $\vec{v}$ gilt das **Assoziativgesetz:** $r \cdot (s \cdot \vec{v}) = (r \cdot s) \cdot \vec{v}$.
3. Für alle Vektoren $\vec{v}$ gilt: $1 \cdot \vec{v} = \vec{v}$.
4. Für zwei reelle Zahlen r und s und einen Vektor $\vec{v}$ gilt das
1. Distributivgesetz: $(r + s) \cdot \vec{v} = (r \cdot \vec{v}) + (s \cdot \vec{v})$.
5. Für eine reelle Zahl r und zwei Vektoren $\vec{u}$ und $\vec{v}$ gilt das
2. Distributivgesetz: $r \cdot (\vec{u} + \vec{v}) = (r \cdot \vec{u}) + (r \cdot \vec{v})$.

Eine Menge von Vektoren, in der die Vektoraddition und die S-Multiplikation definiert sind, heißt **Vektorraum.**

Sind $\vec{v_1}$, $\vec{v_2}$, ..., $\vec{v_n}$ n Vektoren eines Vektorraumes V und r_1, r_2, ..., r_n n reelle Zahlen, so heißt $r_1 \cdot \vec{v_1} + r_2 \cdot \vec{v_2} + ... + r_n \cdot \vec{v_n}$ **Linearkombination** der Vektoren $\vec{v_1}$, $\vec{v_2}$, ..., $\vec{v_n}$.

BEISPIEL

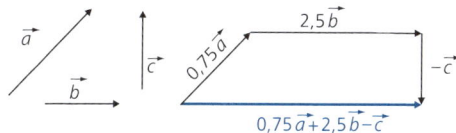

n Vektoren $\vec{v_1}$, $\vec{v_2}$, ..., $\vec{v_n}$ heißen **linear abhängig,** wenn es reelle Zahlen r_1, r_2, ..., r_n gibt, die nicht alle null sind, sodass gilt:
$r_1 \cdot \vec{v_1} + r_2 \cdot \vec{v_2} + ... + r_n \cdot \vec{v_n} = \vec{0}$.
Andernfalls heißen die Vektoren $\vec{v_1}$, $\vec{v_2}$, ..., $\vec{v_n}$ **linear unabhängig.**

SATZ

n Vektoren $\vec{v_1}$, $\vec{v_2}$, ..., $\vec{v_n}$ sind genau dann linear abhängig, wenn sich mindestens ein Vektor als Linearkombination der anderen Vektoren darstellen lässt.

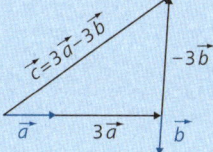

Zwei Vektoren der Ebene ($\mathbb{R}^2$) sind genau dann linear abhängig, wenn sie **kollinear** sind (▶ S. 74 und ▶ S. 86).

Drei Vektoren des Raumes ($\mathbb{R}^3$) sind genau dann linear abhängig, wenn sie **komplanar** sind, d. h. zu einer Ebene parallel sind. (▶ S. 86).

Eine Menge B linear unabhängiger Vektoren eines Vektorraumes V heißt **Basis** des Vektorraumes, wenn sich jeder Vektor des Vektorraumes als Linearkombination der Vektoren der Basis darstellen lässt.

Jede Basis eines Vektorraumes hat die gleiche Anzahl von Vektoren. Diese Anzahl dim (V) heißt **Dimension** des Vektorraumes V.
dim $(\mathbb{R}^2) = 2$, dim $(\mathbb{R}^3) = 3$.

Grundlagen des Vektorrechnens

Kartesisches Koordinatensystem des $\mathbb{R}^2$ bzw. $\mathbb{R}^3$

Ein kartesisches **Koordinatensystem** besteht in der Ebene $\mathbb{R}^2$ aus zwei, im Raum $\mathbb{R}^3$ aus drei Zahlengeraden, die dieselbe Einheit besitzen und sich rechtwinklig in einem Punkt O, dem **Ursprung,** schneiden.
Die Zahlengeraden werden x_1-, x_2- und x_3-**Achse** genannt. Die Lage von Punkten der Ebene $\mathbb{R}^2$ bzw. des Raumes $\mathbb{R}^3$ lässt sich dann durch zwei bzw. drei Zahlen, die **Koordinaten** heißen, angeben.

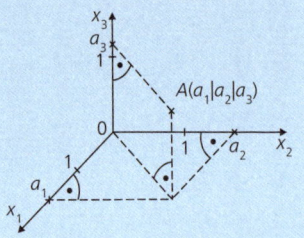

Komponenten- und Koordinatendarstellung von Vektoren

Die Vektoren $\vec{e_1}$ und $\vec{e_2}$ der Länge 1 in Richtung der x_1- und x_2-Achse bilden eine Basis des $\mathbb{R}^2$.	Die Vektoren $\vec{e_1}$, $\vec{e_2}$ und $\vec{e_3}$ der Länge 1 in Richtung der x_1-, x_2- und x_3-Achse bilden eine Basis des $\mathbb{R}^3$.

Jeder Vektor der Ebene bzw. des Raums lässt sich eindeutig als Summe von Vielfachen der Basisvektoren darstellen.

$\vec{a} = a_1\,\vec{e_1} + a_2\,\vec{e_2} = \begin{pmatrix} a_1 \\ a_2 \end{pmatrix}$; $a_1, a_2 \in \mathbb{R}$ Die Zahlen a_1 und a_2 heißen **Koordinaten** von $\vec{a}$. Die Vektoren $a_1\,\vec{e_1}$ und $a_2\,\vec{e_2}$ heißen **Komponenten** von $\vec{a}$.	$\vec{a} = a_1\,\vec{e_1} + a_2\,\vec{e_2} + a_3\,\vec{e_3} = \begin{pmatrix} a_1 \\ a_2 \\ a_3 \end{pmatrix}$; $a_1, a_2, a_3 \in \mathbb{R}$ Die Zahlen a_1, a_2 und a_3 heißen **Koordinaten** von $\vec{a}$. Die Vektoren $a_1\,\vec{e_1}$, $a_2\,\vec{e_2}$ und $a_3\,\vec{e_3}$ heißen **Komponenten** von $\vec{a}$.

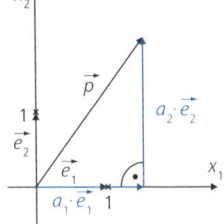

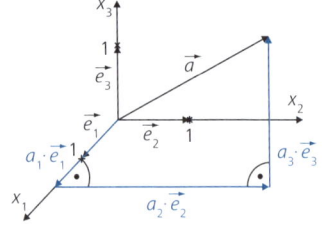

AUGEN AUF! Sonderfälle:

1. Eine Koordinate eines Vektors ist null:
   Dieser Vektor ist im $\mathbb{R}^2$ parallel zu einer Koordinatenachse und im $\mathbb{R}^3$ parallel zu einer Koordinatenebene.

2. Zwei Koordinaten eines Vektors des $\mathbb{R}^3$ sind null:
   Dieser Vektor ist im Raum parallel zu einer Koordinatenachse und damit zu zwei Koordinatenebenen.

3. Alle Koordinaten eines Vektors sind null:

$$\vec{0} = \begin{pmatrix} 0 \\ 0 \end{pmatrix} \text{ bzw. } \vec{0} = \begin{pmatrix} 0 \\ 0 \\ 0 \end{pmatrix} \text{ heißt } \textbf{\textit{Nullvektor.}}$$

BEISPIELE

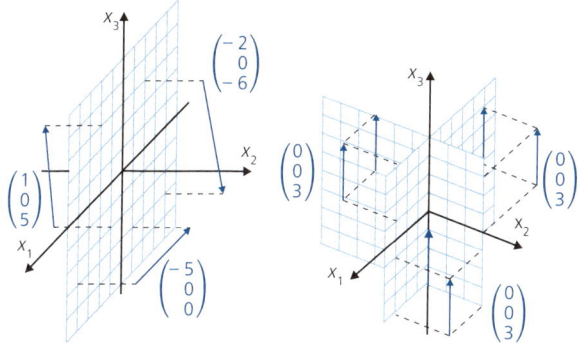

Addition, Subtraktion und S-Multiplikation in Komponenten- und Koordinatendarstellung

Komponentendarstellung im $\mathbb{R}^2$:

Es sei $\vec{a} = a_1\vec{e_1} + a_2\vec{e_2}$, $\vec{b} = b_1\vec{e_1} + b_2\vec{e_2}$ und $r \in \mathbb{R}$.

- $\vec{a} + \vec{b} = \left(a_1\vec{e_1} + a_2\vec{e_2}\right) + \left(b_1\vec{e_1} + b_2\vec{e_2}\right)$

  $= (a_1 + b_1)\vec{e_1} + (a_2 + b_2)\vec{e_2}$

- $\vec{a} - \vec{b} = \left(a_1\vec{e_1} + a_2\vec{e_2}\right) - \left(b_1\vec{e_1} + b_2\vec{e_2}\right)$

  $= (a_1 - b_1)\vec{e_1} + (a_2 - b_2)\vec{e_2}$

- $r \cdot \vec{a} = r \cdot \left(a_1\vec{e_1} + a_2\vec{e_2}\right) = (r \cdot a_1)\vec{e_1} + (r \cdot a_2)\vec{e_2}$

Komponentendarstellung im $\mathbb{R}^3$:

Es sei $\vec{a} = a_1\vec{e_1} + a_2\vec{e_2} + a_3\vec{e_3}$, $\vec{b} = b_1\vec{e_1} + b_2\vec{e_2} + b_3\vec{e_3}$.

◆ $\vec{a} + \vec{b} = (a_1\vec{e_1} + a_2\vec{e_2} + a_3\vec{e_3}) + (b_1\vec{e_1} + b_2\vec{e_2} + b_3\vec{e_3})$

   $= (a_1 + b_1)\vec{e_1} + (a_2 + b_2)\vec{e_2} + (a_3 + b_3)\vec{e_3}$

◆ $\vec{a} - \vec{b} = (a_1\vec{e_1} + a_2\vec{e_2} + a_3\vec{e_3}) - (b_1\vec{e_1} + b_2\vec{e_2} + b_3\vec{e_3})$

   $= (a_1 - b_1)\vec{e_1} + (a_2 - b_2)\vec{e_2} + (a_3 - b_3)\vec{e_3}$

◆ $r \cdot \vec{a} = r \cdot (a_1\vec{e_1} + a_2\vec{e_2} + a_3\vec{e_3})$

   $= (r \cdot a_1)\vec{e_1} + (r \cdot a_2)\vec{e_2} + (r \cdot a_3)\vec{e_3}$ mit $r \in \mathbb{R}$.

In Koordinatendarstellung:

$$\begin{pmatrix} a_1 \\ a_2 \end{pmatrix} + \begin{pmatrix} b_1 \\ b_2 \end{pmatrix} = \begin{pmatrix} a_1 + b_1 \\ a_2 + b_2 \end{pmatrix}$$

$$\begin{pmatrix} a_1 \\ a_2 \end{pmatrix} - \begin{pmatrix} b_1 \\ b_2 \end{pmatrix} = \begin{pmatrix} a_1 - b_1 \\ a_2 - b_2 \end{pmatrix}$$

$$r \cdot \begin{pmatrix} a_1 \\ a_2 \end{pmatrix} = \begin{pmatrix} r \cdot a_1 \\ r \cdot a_2 \end{pmatrix}$$

$$\begin{pmatrix} a_1 \\ a_2 \\ a_3 \end{pmatrix} + \begin{pmatrix} b_1 \\ b_2 \\ b_3 \end{pmatrix} = \begin{pmatrix} a_1 + b_1 \\ a_2 + b_2 \\ a_3 + b_3 \end{pmatrix}$$

$$\begin{pmatrix} a_1 \\ a_2 \\ a_3 \end{pmatrix} - \begin{pmatrix} b_1 \\ b_2 \\ b_3 \end{pmatrix} = \begin{pmatrix} a_1 - b_1 \\ a_2 - b_2 \\ a_3 - b_3 \end{pmatrix}$$

$$r \cdot \begin{pmatrix} a_1 \\ a_2 \\ a_3 \end{pmatrix} = \begin{pmatrix} r \cdot a_1 \\ r \cdot a_2 \\ r \cdot a_3 \end{pmatrix}$$

■ BEACHTE Durch Abspalten eines Faktors lassen sich Vektoren oft einfacher schreiben.

BEISPIEL

$$\begin{pmatrix} 144 \\ -72 \\ 84 \end{pmatrix} = 12 \cdot \begin{pmatrix} 12 \\ -6 \\ 7 \end{pmatrix}; \quad \begin{pmatrix} \frac{3}{7} \\ -\frac{5}{14} \end{pmatrix} = \frac{1}{14} \cdot \begin{pmatrix} 6 \\ -5 \end{pmatrix}$$

Ortsvektoren

Zu jedem Punkt P in der Ebene bzw. im Raum gibt es einen Pfeil, der im Ursprung beginnt und in P endet. Dieser Pfeil legt eindeutig einen Vektor $\overrightarrow{OP} = \vec{p}$ fest, der **Ortsvektor** des Punktes P heißt.

▶ **ANMERKUNG** Oft wird für $\overrightarrow{OP}$ auch $\vec{P}$ geschrieben.

Zum Punkt $P(p_1|p_2)$ gehört der Ortsvektor $\vec{p} = \begin{pmatrix} p_1 \\ p_2 \end{pmatrix}$.

Zum Punkt $P(p_1|p_2|p_3)$ gehört der Ortsvektor $\vec{p} = \begin{pmatrix} p_1 \\ p_2 \\ p_3 \end{pmatrix}$.

Jeder Vektor kann als Ortsvektor aufgefasst werden.

Für den Verbindungsvektor zweier Punkte $A(a_1|a_2)$ und $B(b_1|b_2)$ gilt:

$$\vec{AB} = \vec{b} - \vec{a}$$
$$= \begin{pmatrix} b_1 \\ b_2 \end{pmatrix} - \begin{pmatrix} a_1 \\ a_2 \end{pmatrix} = \begin{pmatrix} b_1 - a_1 \\ b_2 - a_2 \end{pmatrix}$$

Für den Verbindungsvektor zweier Punkte $A(a_1|a_2|a_3)$ und $B(b_1|b_2|b_3)$ gilt:

$$\vec{AB} = \vec{b} - \vec{a}$$
$$= \begin{pmatrix} b_1 \\ b_2 \\ b_3 \end{pmatrix} - \begin{pmatrix} a_1 \\ a_2 \\ a_3 \end{pmatrix} = \begin{pmatrix} b_1 - a_1 \\ b_2 - a_2 \\ b_3 - a_3 \end{pmatrix}$$

BEISPIELE

◆ $A(1,5|-0,5)$; $B(1|1)$

$$\vec{AB} = \vec{b} - \vec{a} =$$
$$\begin{pmatrix} 1 \\ 1 \end{pmatrix} - \begin{pmatrix} 1,5 \\ -0,5 \end{pmatrix} = \begin{pmatrix} -0,5 \\ 1,5 \end{pmatrix}$$

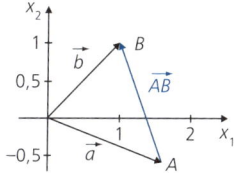

◆ $A(1|2|-1)$; $B(-1|-1|1)$

$$\vec{AB} = \vec{b} - \vec{a} =$$
$$\begin{pmatrix} -1 \\ -1 \\ 1 \end{pmatrix} - \begin{pmatrix} 1 \\ 2 \\ -1 \end{pmatrix} = \begin{pmatrix} -2 \\ -3 \\ 2 \end{pmatrix}$$

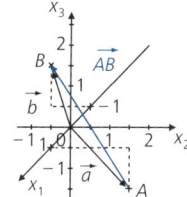

Der Betrag oder die Länge eines Vektors
Für den *Betrag* (die *Länge*) des Vektors $\vec{a}$ gilt:

Im $\mathbb{R}^2$:
$$\vec{a} = a_1 \vec{e_1} + a_2 \vec{e_2} = \begin{pmatrix} a_1 \\ a_2 \end{pmatrix};$$
$$|\vec{a}| = \sqrt{a_1^2 + a_2^2}$$

Im $\mathbb{R}^3$:
$$\vec{a} = a_1 \vec{e_1} + a_2 \vec{e_2} + a_3 \vec{e_3} = \begin{pmatrix} a_1 \\ a_2 \\ a_3 \end{pmatrix};$$
$$|\vec{a}| = \sqrt{a_1^2 + a_2^2 + a_3^2}$$

BEISPIEL

$A(3|3,5|2,5); |\vec{a}| = \sqrt{3^2 + 3,5^2 + 2,5^2} \approx 5,2$

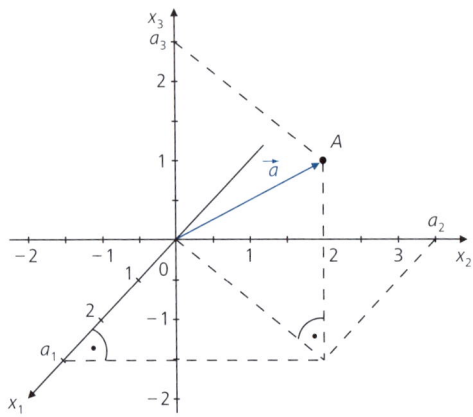

Für Vektoren $\vec{a}$ und $\vec{b}$ und reelle Zahlen r gilt:
1. $|\vec{a} \pm \vec{b}| \leq |\vec{a}| + |\vec{b}|$
2. $|r \cdot \vec{a}| = |r| \cdot |\vec{a}|$
3. $|\vec{a} \circ \vec{b}| \leq |\vec{a}| \cdot |\vec{b}|$ (Skalarprodukt, ▶ unten)

Ein Vektor der Länge 1 heißt **Einheitsvektor.**

Der Einheitsvektor in Richtung $\vec{a} \neq \vec{0}$ ist: $\vec{a}^{\,0} = \dfrac{1}{|\vec{a}|} \cdot \vec{a}$.

BEISPIEL

$\vec{a} = \begin{pmatrix} 4 \\ -3 \end{pmatrix}; |\vec{a}| = \sqrt{4^2 + (-3)^2} = 5; \vec{a}^{\,0} = \dfrac{1}{5} \cdot \begin{pmatrix} 4 \\ -3 \end{pmatrix} = \begin{pmatrix} 0,8 \\ -0,6 \end{pmatrix}$

Das Skalarprodukt

Unter dem **Skalarprodukt** zweier Vektoren $\vec{a}$ und $\vec{b}$ versteht man die reelle Zahl $\vec{a} \circ \vec{b} = |\vec{a}| \cdot |\vec{b}| \cdot \cos \varphi$, wobei φ der Winkel zwischen den Vektoren $\vec{a}$ und $\vec{b}$ ist (mit $0° \leq \varphi \leq 180°$).

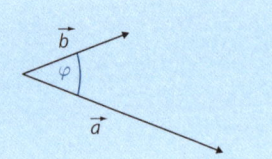

Eigenschaften des Skalarproduktes:

> **SATZ**
>
> Für Vektoren $\vec{a}$, $\vec{b}$ und $\vec{c}$ und reelle Zahlen r gilt:
> 1. $\vec{a} \circ \vec{b} = \vec{b} \circ \vec{a}$
> 2. $\vec{a} \circ (\vec{b} + \vec{c}) = (\vec{a} \circ \vec{b}) + (\vec{a} \circ \vec{c})$
> 3. $(r \cdot \vec{a}) \circ \vec{b} = r \cdot (\vec{a} \circ \vec{b})$
> 4. $\vec{a} \circ \vec{a} = 0 \Leftrightarrow \vec{a} = \vec{0}$

Koordinatendarstellung des Skalarproduktes:

> **SATZ**
>
> $$\binom{a_1}{a_2} \circ \binom{b_1}{b_2} = a_1 \cdot b_1 + a_2 \cdot b_2 \qquad \begin{pmatrix} a_1 \\ a_2 \\ a_3 \end{pmatrix} \circ \begin{pmatrix} b_1 \\ b_2 \\ b_3 \end{pmatrix} = a_1 \cdot b_1 + a_2 \cdot b_2 + a_3 \cdot b_3$$

BEISPIELE

- $\binom{2}{-0,5} \circ \binom{2}{2} = 2 \cdot 2 + (-0,5) \cdot 2 = 3$

- $\begin{pmatrix} 3 \\ -3 \\ 1 \end{pmatrix} \circ \begin{pmatrix} 2 \\ 3 \\ 3 \end{pmatrix} = 3 \cdot 2 + (-3) \cdot 3 + 1 \cdot 3 = 0$

Winkel zwischen Vektoren

> **SATZ**
>
> Für den **Winkel** φ zwischen zwei Vektoren $\vec{a}$ und $\vec{b}$ gilt:
>
> $\cos \varphi = \dfrac{\vec{a} \circ \vec{b}}{|\vec{a}| \cdot |\vec{b}|}$.
>
>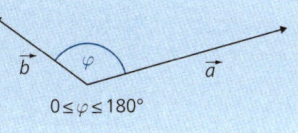
>
> $0 \le \varphi \le 180°$

BEISPIELE

- $\vec{a} = \binom{-3}{4}$, $\vec{b} = \binom{12}{5}$

  $\vec{a} \circ \vec{b} = \binom{-3}{4} \circ \binom{12}{5} = -3 \cdot 12 + 4 \cdot 5 = -16$

  $|\vec{a}| = \sqrt{(-3)^2 + 4^2} = 5$, $|\vec{b}| = \sqrt{12^2 + 5^2} = 13$

  $\cos \varphi = \dfrac{\vec{a} \circ \vec{b}}{|\vec{a}| \cdot |\vec{b}|} = \dfrac{-16}{5 \cdot 13} \Rightarrow \varphi \approx 104°$

◆ $\vec{a} = \begin{pmatrix} 1 \\ -3 \\ 4 \end{pmatrix}, \vec{b} = \begin{pmatrix} 2 \\ 0 \\ -0{,}5 \end{pmatrix}$

$\vec{a} \circ \vec{b} = \begin{pmatrix} 1 \\ -3 \\ 4 \end{pmatrix} \circ \begin{pmatrix} 2 \\ 0 \\ -0{,}5 \end{pmatrix} = 1 \cdot 2 + (-3) \cdot 0 + 4 \cdot (-0{,}5) = 0$

$|\vec{a}| = \sqrt{1^2 + (-3)^2 + 4^2} = \sqrt{26}, |\vec{b}| = \sqrt{2^2 + 0^2 + (-0{,}5)^2} = \sqrt{4{,}25}$.

$\cos \varphi = \dfrac{\vec{a} \circ \vec{b}}{|\vec{a}| \cdot |\vec{b}|} = \dfrac{0}{\sqrt{26} \cdot \sqrt{4{,}25}} = 0 \Rightarrow \varphi = 90°$

> Zwei Vektoren $\vec{a}$ und $\vec{b}$ heißen **orthogonal,** wenn sie einen Winkel von 90° einschließen ($\vec{a} \perp \vec{b}$).

Für $\vec{a} \neq \vec{0}$ und $\vec{b} \neq \vec{0}$ gilt: $\vec{a} \circ \vec{b} = 0 \Leftrightarrow \vec{a} \perp \vec{b}$.

> Vektoren heißen **orthonormiert,** wenn sie die Länge 1 haben und paarweise orthogonal sind.

Das Vektorprodukt

> Für zwei linear unabhängige Vektoren $\vec{a}$ und $\vec{b}$ des $\mathbb{R}^3$ ist das **Vektorprodukt** $\vec{a} \times \vec{b}$ derjenige Vektor, für den gilt:
> 1. $\vec{a} \times \vec{b} \perp \vec{a}$ und $\vec{a} \times \vec{b} \perp \vec{b}$.
> 2. $\vec{a}, \vec{b}$ und $\vec{a} \times \vec{b}$ bilden ein Rechtssystem.
> 3. $|\vec{a} \times \vec{b}| = |\vec{a}| \cdot |\vec{b}| \cdot \sin \varphi$, wobei φ der Winkel zwischen den Vektoren $\vec{a}$ und $\vec{b}$ ist (mit 0° $\leq \varphi \leq$ 180°).

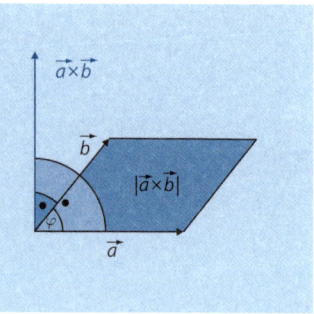

Der Betrag $|\vec{a} \times \vec{b}| = |\vec{a}| \cdot |\vec{b}| \cdot \sin \varphi$ des Vektorproduktes der Vektoren $\vec{a}$ und $\vec{b}$ entspricht der Maßzahl des Flächeninhalts des von den Vektoren $\vec{a}$ und $\vec{b}$ aufgespannten Parallelogramms (▶ S. 89).

Eigenschaften des Vektorproduktes:

> Für Vektoren $\vec{a}, \vec{b}$ und $\vec{c}$ und reelle Zahlen r gilt:
> 1. $\vec{b} \times \vec{a} = -(\vec{a} \times \vec{b})$
> 2. $r \cdot (\vec{a} \times \vec{b}) = (r \cdot \vec{a}) \times \vec{b} = \vec{a} \times (r \cdot \vec{b})$
> 3. $(\vec{a} + \vec{b}) \times \vec{c} = (\vec{a} \times \vec{c}) + (\vec{b} \times \vec{c})$

Koordinatendarstellung des Vektorproduktes:

$$\begin{pmatrix} a_1 \\ a_2 \\ a_3 \end{pmatrix} \times \begin{pmatrix} b_1 \\ b_2 \\ b_3 \end{pmatrix} = \begin{pmatrix} a_2 \cdot b_3 - a_3 \cdot b_2 \\ a_3 \cdot b_1 - a_1 \cdot b_3 \\ a_1 \cdot b_2 - a_2 \cdot b_1 \end{pmatrix}$$

BEISPIEL

$$\begin{pmatrix} 5 \\ 6 \\ 1 \end{pmatrix} \times \begin{pmatrix} 2 \\ 3 \\ 4 \end{pmatrix} = \begin{pmatrix} 6 \cdot 4 - 1 \cdot 3 \\ 1 \cdot 2 - 5 \cdot 4 \\ 5 \cdot 3 - 6 \cdot 2 \end{pmatrix} = \begin{pmatrix} 21 \\ -18 \\ 3 \end{pmatrix}$$

Anwendungen

Besondere Punkte

SATZ

Für den **Mittelpunkt** M einer Strecke $\overline{AB}$ gilt:
$$\vec{m} = \tfrac{1}{2} \cdot (\vec{a} + \vec{b}).$$

Für den **Spatmittelpunkt** M eines Spates ABCDEFGH, das von den Vektoren $\overrightarrow{AB}$, $\overrightarrow{AD}$ und $\overrightarrow{AE}$ aufgespannt wird, gilt:
$$\overrightarrow{AM} = \tfrac{1}{2} \cdot (\overrightarrow{AB} + \overrightarrow{AD} + \overrightarrow{AE}).$$
Für den **Schwerpunkt** S eines Dreiecks ABC gilt:
$$\vec{s} = \tfrac{1}{3} \cdot (\vec{a} + \vec{b} + \vec{c}).$$

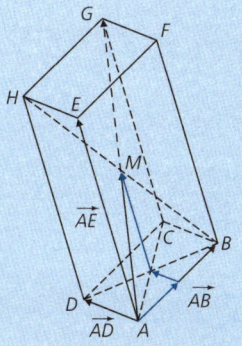

SATZ

Für den **Schwerpunkt** S eines Tetraeders ABCD gilt:
$$\vec{s} = \tfrac{1}{4} \cdot (\vec{a} + \vec{b} + \vec{c} + \vec{d}) \text{ bzw.}$$
$$\begin{pmatrix} s_1 \\ s_2 \\ s_3 \end{pmatrix} = \tfrac{1}{4} \cdot \begin{pmatrix} a_1 + b_1 + c_1 + d_1 \\ a_2 + b_2 + c_2 + d_2 \\ a_3 + b_3 + c_3 + d_3 \end{pmatrix}$$

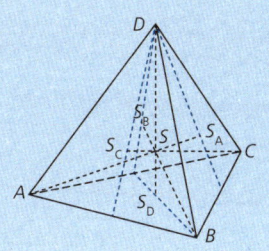

$A\,(1|-4|-2),\,B\,(2|2|1),\,C\,(4|0|-4)$ und $D\,(1|2|1)$

$$\begin{pmatrix} s_1 \\ s_2 \\ s_3 \end{pmatrix} = \frac{1}{4} \cdot \begin{pmatrix} 1 + 2 + \quad 4 + 1 \\ -4 + 2 + \quad 0 + 2 \\ -2 + 1 + (-4) + 1 \end{pmatrix} = \begin{pmatrix} 2 \\ 0 \\ -1 \end{pmatrix}; \, S\,(2|0|-1)$$

Das Teilverhältnis

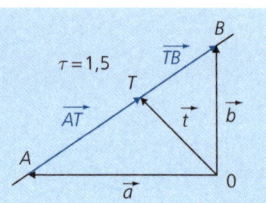

Die reelle Zahl τ, die für die drei verschiedenen Punkte A, B und T einer Geraden die Gleichung $\overrightarrow{AT} = \tau \cdot \overrightarrow{TB}$ erfüllt, heißt **Teilverhältnis** des Punktes T bzgl. $\overline{AB}$.

Für $T \in \overline{AB}$ (innere Teilung) gilt: $\tau \geq 0$.
Für $T \in AB \backslash \overline{AB}$ (äußere Teilung) gilt: $\tau < 0$.

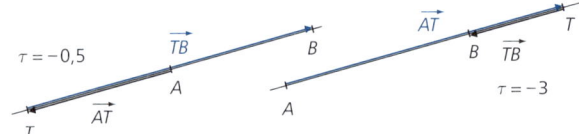

Es seien im Folgenden A, B und T drei verschiedene Punkte auf einer Geraden des $\mathbb{R}^2$ oder $\mathbb{R}^3$ und $\tau \in \mathbb{R}\backslash\{-1;0\}$.
Hinweis: Im $\mathbb{R}^2$ entfällt jeweils die dritte Koordinate.

1. Berechnung des Teilverhältnisses τ

$\vec{t} - \vec{a} = \tau \cdot (\vec{b} - \vec{t})$ oder in Koordinaten im $\mathbb{R}^3$:

$$\begin{pmatrix} t_1 - a_1 \\ t_2 - a_2 \\ t_3 - a_3 \end{pmatrix} = \tau \cdot \begin{pmatrix} b_1 - t_1 \\ b_2 - t_2 \\ b_3 - t_3 \end{pmatrix}.$$

Da $T \neq B$ ist, gilt für mindestens ein $i \in \{1;2;3\}$:

$b_i - t_i \neq 0$ und damit: $\tau = \dfrac{t_i - a_i}{b_i - t_i}$.

2. Berechnung der Koordinaten des Teilpunktes T

$$\vec{t} = \frac{1}{1+\tau} \cdot \vec{a} + \frac{\tau}{1+\tau} \cdot \vec{b} \text{ oder in Koordinaten im } \mathbb{R}^3:$$

$$\begin{pmatrix} t_1 \\ t_2 \\ t_3 \end{pmatrix} = \frac{1}{1+\tau} \cdot \begin{pmatrix} a_1 \\ a_2 \\ a_3 \end{pmatrix} + \frac{\tau}{1+\tau} \cdot \begin{pmatrix} b_1 \\ b_2 \\ b_3 \end{pmatrix}.$$

3. Berechnung der Koordinaten des Streckenpunktes B

$$\vec{b} = \frac{1+\tau}{\tau} \cdot \vec{t} - \frac{1}{\tau} \cdot \vec{a} \text{ oder in Koordinaten im } \mathbb{R}^3:$$

$$\begin{pmatrix} b_1 \\ b_2 \\ b_3 \end{pmatrix} = \frac{1+\tau}{\tau} \cdot \begin{pmatrix} t_1 \\ t_2 \\ t_3 \end{pmatrix} - \frac{1}{\tau} \cdot \begin{pmatrix} a_1 \\ a_2 \\ a_3 \end{pmatrix}.$$

4. Berechnung der Koordinaten des Streckenpunktes A

$$\vec{a} = (1+\tau) \cdot \vec{t} - \tau \cdot \vec{b} \text{ oder in Koordinaten im } \mathbb{R}^3:$$

$$\begin{pmatrix} a_1 \\ a_2 \\ a_3 \end{pmatrix} = (1+\tau) \cdot \begin{pmatrix} t_1 \\ t_2 \\ t_3 \end{pmatrix} - \tau \cdot \begin{pmatrix} b_1 \\ b_2 \\ b_3 \end{pmatrix}.$$

BEISPIELE

◆ Geg.: $A(4|6|-1)$, $B(8|12|-2)$, $T(12|18|-3)$; Ges.: τ

Lös.: $\tau = \dfrac{t_1 - a_1}{b_1 - t_1} = \dfrac{12 - 4}{8 - 12} = -2$

◆ Geg.: $A(4|-1|1)$, $B(6|7|7)$ und $\tau = 3$; Ges.: T

Lös.: $\vec{t} = \dfrac{1}{1+\tau} \cdot \vec{a} + \dfrac{\tau}{1+\tau} \cdot \vec{b} =$

$\dfrac{1}{1+3} \cdot \begin{pmatrix} 4 \\ -1 \\ 1 \end{pmatrix} + \dfrac{3}{1+3} \cdot \begin{pmatrix} 6 \\ 7 \\ 7 \end{pmatrix} = \begin{pmatrix} 5,5 \\ 5 \\ 5,5 \end{pmatrix}$; $T(5,5|5|5,5)$

Untersuchung von Vektoren auf lineare Abhängigkeit

SATZ

In der **Ebene** $\mathbb{R}^2$ gilt für zwei Vektoren $\vec{a}$ und $\vec{b}$:
$\vec{a}$ und $\vec{b}$ sind linear abhängig (▸ S. 75) $\Leftrightarrow$
$\vec{a}$ und $\vec{b}$ sind kollinear (▸ S. 74) $\Leftrightarrow$
$\det\left(\vec{a};\vec{b}\right) = 0$ (▸ S. 66)
Einer der Vektoren ist ein Vielfaches des anderen Vektors.

SATZ

Im **Raum** $\mathbb{R}^3$ gilt für drei Vektoren $\vec{a}$, $\vec{b}$ und $\vec{c}$:
$\vec{a}$, $\vec{b}$ und $\vec{c}$ sind linear abhängig (▸ S. 75) $\Leftrightarrow$
$\vec{a}$, $\vec{b}$ und $\vec{c}$ sind komplanar (▸ S. 75) $\Leftrightarrow$
$\lambda \cdot \vec{a} + \mu \cdot \vec{b} + \sigma \cdot \vec{c} = \vec{0}$ besitzt eine Lösung $(\lambda|\mu|\sigma) \neq (0|0|0)$ $\Leftrightarrow$
$\det\left(\vec{a};\vec{b};\vec{c}\right) = 0$ (▸ S. 66).

In Koordinaten:
$\begin{pmatrix} a_1 \\ a_2 \\ a_3 \end{pmatrix}, \begin{pmatrix} b_1 \\ b_2 \\ b_3 \end{pmatrix}$ und $\begin{pmatrix} c_1 \\ c_2 \\ c_3 \end{pmatrix}$ sind linear abhängig $\Leftrightarrow$

$$\lambda \cdot \begin{pmatrix} a_1 \\ a_2 \\ a_3 \end{pmatrix} + \mu \cdot \begin{pmatrix} b_1 \\ b_2 \\ b_3 \end{pmatrix} + \sigma \cdot \begin{pmatrix} c_1 \\ c_2 \\ c_3 \end{pmatrix} = \begin{pmatrix} 0 \\ 0 \\ 0 \end{pmatrix}$$

besitzt eine Lösung $(\lambda|\mu|\sigma) \neq (0|0|0)$ $\Leftrightarrow$

$$0 = \begin{vmatrix} a_1 & b_1 & c_1 \\ a_2 & b_2 & c_2 \\ a_3 & b_3 & c_3 \end{vmatrix} = \begin{matrix} a_1 b_2 c_3 + b_1 c_2 a_3 + c_1 a_2 b_3 \\ - a_3 b_2 c_1 - b_3 c_2 a_1 - c_3 a_2 b_1 \end{matrix} \text{ (▸ S. 66)}$$

BEISPIEL

$\vec{a} = \begin{pmatrix} 1 \\ 4 \\ 7 \end{pmatrix}, \vec{b} = \begin{pmatrix} 2 \\ 5 \\ 8 \end{pmatrix}, \vec{c} = \begin{pmatrix} 3 \\ 6 \\ 9 \end{pmatrix}, \begin{vmatrix} 1 & 2 & 3 \\ 4 & 5 & 6 \\ 7 & 8 & 9 \end{vmatrix} = 0$ (▸ S. 67)

$\vec{a}$, $\vec{b}$ und $\vec{c}$ sind linear abhängig (komplanar).

Lineare Unabhängigkeit bei Beweisen

BEACHTE   Mithilfe der linearen Unabhängigkeit von Vektoren können Sätze über Streckenverhältnisse bewiesen werden. Man bildet eine geschlossene Vektorkette, in der die betreffenden Strecken als Vektoren enthalten sind. Die Vektoren der Kette werden als Linearkombinationen geeigneter linear unabhängiger Vektoren dargestellt. Man erhält so eine Linearkombination linear unabhängiger Vektoren, die den Nullvektor ergibt. Die Koeffizienten müssen alle null sein. Hieraus erhält man ein Gleichungssystem aus zwei bzw. drei Gleichungen. Aus den Lösungen können die Streckenverhältnisse gewonnen werden.

BEISPIEL Im Parallelogramm halbieren sich die Diagonalen.
Die geschlossene Vektorkette mit den linear unabhängigen Vektoren
$\vec{a} = \overrightarrow{AB}$ und $\vec{b} = \overrightarrow{AD}$:

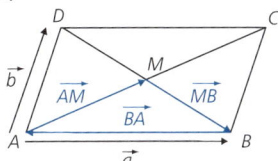

$$\overrightarrow{AM} + \overrightarrow{MB} + \overrightarrow{BA} = \lambda \cdot \overrightarrow{AC} + \mu \cdot \overrightarrow{DB} + \overrightarrow{BA}$$
$$= \lambda \cdot (\vec{b} + \vec{a}) + \mu \cdot (-\vec{b} + \vec{a}) - \vec{a}$$
$$= (\lambda + \mu - 1) \cdot \vec{a} + (\lambda - \mu) \cdot \vec{b} = \vec{0} \Rightarrow$$
$$\begin{aligned}\lambda + \mu - 1 &= 0 \\ \lambda - \mu &= 0\end{aligned} \Rightarrow \lambda = \mu = \frac{1}{2}.$$

Also $\overrightarrow{AM} = \frac{1}{2} \cdot \overrightarrow{AC}$ und $\overrightarrow{MB} = \frac{1}{2} \cdot \overrightarrow{DB}$.

Orthogonale Vektoren

SATZ

Zwei Vektoren $\vec{a}$ und $\vec{b}$ sind orthogonal, wenn ihr Skalarprodukt $\vec{a} \circ \vec{b} = 0$ ist (▶ S. 80 f.).

BEISPIEL

$\vec{a} = \begin{pmatrix} 3 \\ 9 \end{pmatrix}, \vec{b} = \begin{pmatrix} 6 \\ -2 \end{pmatrix}.$

$\vec{a} \circ \vec{b} = \begin{pmatrix} 3 \\ 9 \end{pmatrix} \circ \begin{pmatrix} 6 \\ -2 \end{pmatrix} = 3 \cdot 6 + 9 \cdot (-2) = 0$

$\vec{a}$ und $\vec{b}$ sind orthogonal.

Ermittlung eines Normalenvektors

Im $\mathbb{R}^2$ sei $\vec{u}$ ein gegebener Vektor. $\vec{n}$ heißt *Normalenvektor* zu $\vec{u}$, falls $\vec{n} \circ \vec{u} = 0$, d. h. $n_1 \cdot u_1 + n_2 \cdot u_2 = 0$.

BEACHTE Da es unendlich viele Normalenvektoren zu einem Vektor $\vec{u}$ gibt, kann eine der beiden Koordinaten von $\vec{n}$ frei gewählt werden, die zweite Koordinate ist dann festgelegt.

BEISPIEL

$\vec{u} = \begin{pmatrix} 4 \\ -2 \end{pmatrix}$, $\vec{n} = \begin{pmatrix} n_1 \\ n_2 \end{pmatrix}$

$\vec{n} \circ \vec{u} = 0 \Leftrightarrow n_1 \cdot 4 + n_2 \cdot (-2) = 0$. Wähle z. B. $n_1 = 1$.

Dann folgt: $4 \cdot 1 - 2 \cdot n_2 = 0$, d. h. $n_2 = 2$. $\vec{n} = \begin{pmatrix} 1 \\ 2 \end{pmatrix}$.

Im $\mathbb{R}^3$ seien die Vektoren $\vec{u}$ und $\vec{v}$ gegeben. Die Berechnung eines *Normalenvektors* $\vec{n}$ zu $\vec{u}$ und $\vec{v}$ kann mit dem Vektorprodukt ($\vec{n} = \vec{u} \times \vec{v}$; ▶ S. 82) oder mit dem Skalarprodukt erfolgen: $\vec{n} \circ \vec{u} = 0$ und $\vec{n} \circ \vec{v} = 0$.

BEISPIEL

$\vec{u} = \begin{pmatrix} -1 \\ -1,5 \\ 2 \end{pmatrix}$; $\vec{v} = \begin{pmatrix} -3 \\ 3 \\ 1 \end{pmatrix}$; $\vec{n} = \begin{pmatrix} n_1 \\ n_2 \\ n_3 \end{pmatrix}$.

◆ Mit dem Vektorprodukt:

$$\vec{n} = \begin{pmatrix} -1 \\ -1,5 \\ 2 \end{pmatrix} \times \begin{pmatrix} -3 \\ 3 \\ 1 \end{pmatrix} = \begin{pmatrix} (-1,5) \cdot 1 - 2 \cdot 3 \\ 2 \cdot (-3) - (-1) \cdot 1 \\ (-1) \cdot 3 - (-1,5) \cdot (-3) \end{pmatrix} = \begin{pmatrix} -7,5 \\ -5 \\ -7,5 \end{pmatrix} = -2,5 \cdot \begin{pmatrix} 3 \\ 2 \\ 3 \end{pmatrix}.$$

◆ Mit dem Skalarprodukt:

$\begin{array}{l} \vec{n} \circ \vec{u} = 0 \\ \vec{n} \circ \vec{v} = 0 \end{array} \Leftrightarrow \begin{array}{l} \text{(I)} \quad -n_1 - 1,5n_2 + 2n_3 = 0 \\ \text{(II)} \quad -3n_1 + 3n_2 + n_3 = 0 \end{array} \Leftrightarrow \begin{array}{l} \text{(I)} - 2 \cdot \text{(II)} \ 5n_1 - 7,5n_2 = 0 \\ \text{(II*)} \ n_3 = 3n_1 - 3n_2 \end{array}$

BEACHTE   Da für die drei Unbekannten nur zwei Gleichungen vorliegen, kann eine Unbekannte frei gewählt werde.

Wähle z. B. $n_2 = 2$, dann folgt: $n_1 = 3$ und $n_3 = 3$. $\vec{n} = \begin{pmatrix} 3 \\ 2 \\ 3 \end{pmatrix}$.

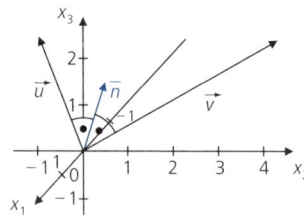

Die senkrechte Projektion eines Vektors

$$\vec{b_a} = (\vec{b} \circ \vec{a}^0) \cdot \vec{a}^0 = \frac{\vec{b} \circ \vec{a}}{|\vec{a}|^2} \cdot \vec{a}$$

heißt **senkrechte Projektion**

des Vektors $\vec{b}$ auf den Vektor $\vec{a}$.

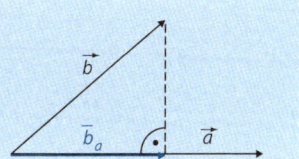

BEISPIEL

$$\vec{b} = \begin{pmatrix} 12 \\ 5 \end{pmatrix}, \vec{a} = \begin{pmatrix} -3 \\ 4 \end{pmatrix}$$

$$\vec{b} \circ \vec{a} = \begin{pmatrix} 12 \\ 5 \end{pmatrix} \circ \begin{pmatrix} -3 \\ 4 \end{pmatrix} = -16 \text{ und } |\vec{a}| = 5. \ (\blacktriangleright S.79)$$

$$\vec{b_a} = \frac{\vec{b} \circ \vec{a}}{|\vec{a}|^2} \cdot \vec{a} = \frac{-16}{25} \cdot \begin{pmatrix} -3 \\ 4 \end{pmatrix}.$$

Flächen- und Rauminhalte im $\mathbb{R}^3$

◆ Flächeninhalt eines Dreiecks ABC:

$$A = \frac{1}{2} \cdot |\overrightarrow{AB} \times \overrightarrow{AC}|$$

$$A = \frac{1}{2} \cdot |\overrightarrow{AB}| \cdot |\overrightarrow{AC}| \cdot \sin \alpha$$

$$A = \frac{1}{2} \cdot a \cdot h_a$$

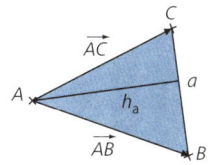

◆ Flächeninhalt eines Parallelogramms $ABCD$:

$$A = |\overrightarrow{AB} \times \overrightarrow{AD}|$$

$$A = |\overrightarrow{AB}| \cdot |\overrightarrow{AD}| \cdot \sin \alpha$$

$$A = b \cdot h_b$$

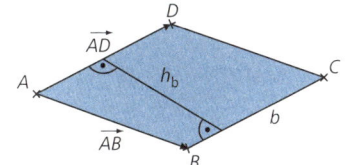

◆ Volumen eines Spats (Parallelflachs) $ABCDEFGH$:

$$V = |\overrightarrow{AB} \circ (\overrightarrow{AD} \times \overrightarrow{AE})|$$

$$V = |\det(\overrightarrow{AB}, \overrightarrow{AD}, \overrightarrow{AE})|$$

$$V = G \cdot h_G$$

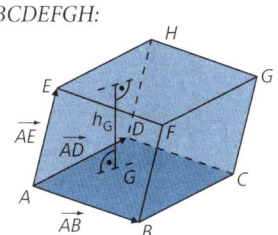

◆ Volumen einer dreiseitigen Pyramide:

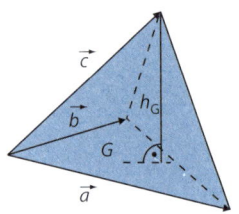

$$V = \frac{1}{6} \cdot \left| \vec{a} \circ \left(\vec{b} \times \vec{c} \right) \right|$$

$$V = \frac{1}{6} \cdot \left| \det \left(\vec{a}, \vec{b}, \vec{c} \right) \right|$$

$$V = \frac{1}{3} \cdot G \cdot h_G$$

4.3   Geraden

Darstellungen

Die folgenden beiden Formen heißen *Parameterformen.*

◆ *Punkt-Richtungs-Form*
Die Lage einer Geraden g im $\mathbb{R}^2$ oder $\mathbb{R}^3$ sei durch einen Punkt A mit Ortsvektor $\vec{a}$ und einen *Richtungsvektor* $\vec{u} \neq \vec{0}$ festgelegt. X mit Ortsvektor $\vec{x}$ sei ein beliebiger Punkt von g.

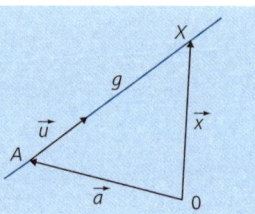

$g: \vec{x} = \vec{a} + \lambda \cdot \vec{u}, \lambda \in \mathbb{R}.$

$g: \begin{pmatrix} x_1 \\ x_2 \\ x_3 \end{pmatrix} = \begin{pmatrix} a_1 \\ a_2 \\ a_3 \end{pmatrix} + \lambda \cdot \begin{pmatrix} u_1 \\ u_2 \\ u_3 \end{pmatrix}, \lambda \in \mathbb{R}.$

Im $\mathbb{R}^2$ entfällt die dritte Zeile.

◆ *Zwei-Punkte-Form*
Die Lage einer Geraden g im $\mathbb{R}^2$ oder $\mathbb{R}^3$ sei durch zwei verschiedene Punkte A und B mit Ortsvektoren $\vec{a}$ und $\vec{b}$ festgelegt.
X mit Ortsvektor $\vec{x}$ sei ein beliebiger Punkt von g.

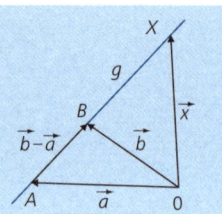

$g: \vec{x} = \vec{a} + \lambda \cdot (\vec{b} - \vec{a}), \lambda \in \mathbb{R}.$

$g: \begin{pmatrix} x_1 \\ x_2 \\ x_3 \end{pmatrix} = \begin{pmatrix} a_1 \\ a_2 \\ a_3 \end{pmatrix} + \lambda \cdot \begin{pmatrix} b_1 - a_1 \\ b_2 - a_2 \\ b_3 - a_3 \end{pmatrix}, \lambda \in \mathbb{R}.$

Im $\mathbb{R}^2$ entfällt die dritte Zeile.

Die folgenden *Koordinatenformen* sind nur im $\mathbb{R}^2$ möglich.

◆ *Achsenabschnittsform* im $\mathbb{R}^2$

Schneidet die Gerade g die x_1-Achse im Punkt $S(s|0)$ und die x_2-Achse im Punkt $T(0|t)$, so gilt für einen beliebigen Punkt $X(x_1|x_2)$ auf der Geraden g:

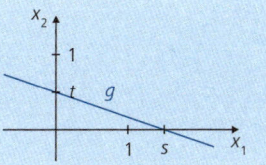

$$g: \frac{x_1}{s} + \frac{x_2}{t} = 1.$$

◆ *Normalenform* im $\mathbb{R}^2$

$\vec{n}$ sei ein Normalenvektor (▶ S. 87) der Geraden g, die durch den Punkt A mit Ortvektor $\vec{a}$ verläuft. X mit Ortsvektor $\vec{x}$ sei ein beliebiger Punkt der Geraden g.

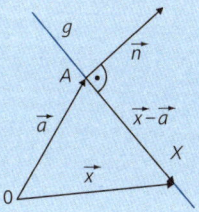

$g: \vec{n} \circ (\vec{x} - \vec{a}) = 0$

$g: \begin{pmatrix} n_1 \\ n_2 \end{pmatrix} \circ \begin{pmatrix} x_1 - a_1 \\ x_2 - a_2 \end{pmatrix} = 0;$

$g: n_1 \cdot x_1 + n_2 \cdot x_2 + n_0 = 0$

mit $n_0 = -n_1 \cdot a_1 - n_2 \cdot a_2$

◆ *Hesse'sche Normalenform* (*HNF*) im $\mathbb{R}^2$

Falls g nicht durch den Ursprung geht, sei $\vec{n}^0$ der *Normaleneinheitsvektor* (▶ S. 82) der Geraden g, der auf die Seite von g zeigt, die den Ursprung nicht enthält. Falls g durch den Ursprung geht, kann $\vec{n}^0$ beliebig gewählt werden. $A(a_1|a_2)$ mit Ortsvektor $\vec{a}$ sei ein fester Punkt und $X(x_1|x_2)$ mit Ortsvektor $\vec{x}$ sei ein beliebiger Punkt der Geraden g.

SATZ

HNF von g: $\vec{n}^0 \circ (\vec{x} - \vec{a}) = 0$ (mit $\vec{n}^0 \circ \vec{a} \geq 0$)

HNF von g: $\begin{pmatrix} n_1^0 \\ n_2^0 \end{pmatrix} \circ \begin{pmatrix} x_1 - a_1 \\ x_2 - a_2 \end{pmatrix} = 0$

$g: n_1^0 \cdot x_1 + n_2^0 \cdot x_2 + n_0^0 = 0$, $n_0^0 = -n_1^0 \cdot a_1 - n_2^0 \cdot a_2 \leq 0.$

Lagebeziehungen

Lage von Punkt und Gerade zueinander

> **SATZ**
>
> Ein Punkt liegt genau dann auf einer Geraden, wenn sein Ortsvektor bzw. seine Koordinaten die Geradengleichung erfüllen.

BEISPIELE

◆ Im $\mathbb{R}^3$: $g: \vec{x} = \vec{a} + \lambda \cdot \vec{u}$, $\lambda \in \mathbb{R}$ und $P(p_1 | p_2 | p_3)$.

$$g: \begin{pmatrix} x_1 \\ x_2 \\ x_3 \end{pmatrix} = \begin{pmatrix} 2 \\ -3 \\ 0{,}5 \end{pmatrix} + \lambda \cdot \begin{pmatrix} 3 \\ -1 \\ 1{,}5 \end{pmatrix}, \lambda \in \mathbb{R} \text{ und } \vec{p} = \begin{pmatrix} -1 \\ -2 \\ 2 \end{pmatrix}$$

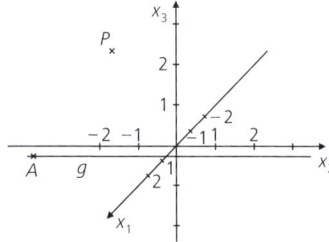

Den Ortsvektor $\vec{p}$ in die Geradengleichung einsetzen.

$$\begin{pmatrix} -1 \\ -2 \\ 2 \end{pmatrix} = \begin{pmatrix} 2 \\ -3 \\ 0{,}5 \end{pmatrix} + \lambda \cdot \begin{pmatrix} 3 \\ -1 \\ 1{,}5 \end{pmatrix} \Leftrightarrow \begin{array}{l} -1 = 2 \ + \ 3 \cdot \lambda \\ -2 = -3 \ - \ \lambda \\ 2 = 0{,}5 \ + 1{,}5 \cdot \lambda \end{array} \Leftrightarrow \begin{array}{l} \lambda = -1 \\ \lambda = -1 \\ \lambda = \ \ 1 \end{array}$$

Es gibt also keine reelle Zahl, die alle drei Gleichungen löst.
P liegt also nicht auf der Geraden g.

◆ Im $\mathbb{R}^2$: $g: 2x_1 - 6x_2 + 4 = 0$ und $Q(-5|-1)$
Die Koordinaten von Q in die Geradengleichung einsetzen.
$2 \cdot (-5) - 6 \cdot (-1) + 4 = 0 \Leftrightarrow -10 + 6 + 4 = 0 \Leftrightarrow 0 = 0$
Die Koordinaten von Q erfüllen die Geradengleichung.
Q liegt auf der Geraden g.

Lage einer Geraden im Koordinatensystem

SATZ

Eine Gerade g: $\vec{x} = \vec{a} + \lambda \cdot \vec{u}$, $\lambda \in \mathbb{R}$, geht durch den Ursprung, wenn dessen Koordinaten die Geradengleichung erfüllen.

BEISPIEL   Im $\mathbb{R}^2$: g: $\begin{pmatrix} x_1 \\ x_2 \end{pmatrix} = \begin{pmatrix} 4,5 \\ 1,5 \end{pmatrix} + \lambda \cdot \begin{pmatrix} 3 \\ 1 \end{pmatrix}$, $\lambda \in \mathbb{R}$

$\begin{pmatrix} 0 \\ 0 \end{pmatrix} = \begin{pmatrix} 4,5 \\ 1,5 \end{pmatrix} + \lambda \cdot \begin{pmatrix} 3 \\ 1 \end{pmatrix} \Leftrightarrow \begin{array}{l} 0 = 4,5 + 3\lambda \\ 0 = 1,5 + \lambda \end{array} \Leftrightarrow \begin{array}{l} \lambda = -1,5 \\ \lambda = -1,5 \end{array}$

d. h., der Ursprung liegt auf g. g ist also eine Ursprungsgerade.

Vereinfache bei *Ursprungsgeraden*: g: $\vec{x} = \lambda \cdot \vec{u}$, $\lambda \in \mathbb{R}$.

SATZ

Eine Gerade ist genau dann parallel zur Koordinatenachse x_i, wenn bei ihrem Richtungsvektor nur die i-te Koordinate von 0 verschieden ist.

BEISPIEL   Im $\mathbb{R}^3$:

g: $\begin{pmatrix} x_1 \\ x_2 \\ x_3 \end{pmatrix} = \begin{pmatrix} 1 \\ 3 \\ -2 \end{pmatrix} + \lambda \cdot \begin{pmatrix} 0 \\ 2 \\ 0 \end{pmatrix}$, $\lambda \in \mathbb{R}$

g ist parallel zur x_2-Achse.

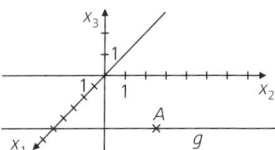

SATZ

Eine Gerade ist genau dann parallel zu einer Koordinatenebene, wenn bei ihrem Richtungsvektor eine Koordinate 0 ist.

BEISPIEL   Im $\mathbb{R}^3$:

g: $\begin{pmatrix} x_1 \\ x_2 \\ x_3 \end{pmatrix} = \begin{pmatrix} 1 \\ 3 \\ -2 \end{pmatrix} + \lambda \cdot \begin{pmatrix} 0 \\ 2 \\ 3 \end{pmatrix}$, $\lambda \in \mathbb{R}$

g ist parallel zur x_2-x_3-Ebene.

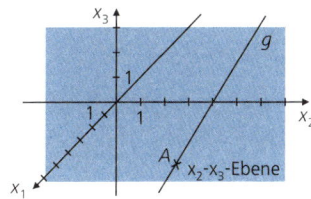

Thema:
Lage von zwei Geraden

Im $\mathbb{R}^2$ oder $\mathbb{R}^3$ können zwei Geraden entweder
◆ identisch sein oder
◆ echt parallel sein oder
◆ genau einen Schnittpunkt haben.
Im $\mathbb{R}^3$ können sie außerdem noch windschief sein.

$g: \vec{x} = \vec{p} + \lambda \cdot \vec{u}, \lambda \in \mathbb{R}; \; h: \vec{x} = \vec{q} + \mu \cdot \vec{v}, \mu \in \mathbb{R}$

$\vec{u}$ Vielfaches von $\vec{v}$	
$\vec{p} - \vec{q}$ ist Vielfaches von $\vec{u}$	$\vec{p} - \vec{q}$ ist kein Vielfaches von $\vec{u}$
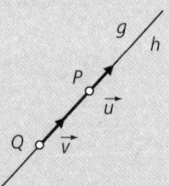 $g = h$	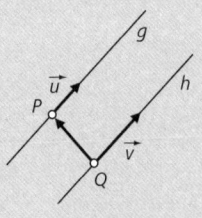 $g \parallel h, g \neq h$

$\vec{u}$ kein Vielfaches von $\vec{v}$	
$\vec{u}, \vec{v}, \vec{p} - \vec{q}$ sind linear abhängig	$\vec{u}, \vec{v}, \vec{p} - \vec{q}$ sind linear unabhängig
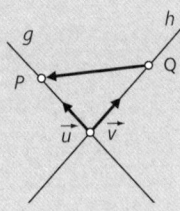 g schneidet h	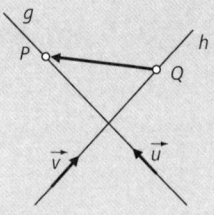 g und h sind windschief

Untersuchung der Lage zweier Geraden

SATZ

- ◆ Zwei Geraden sind genau dann *parallel*, wenn ihre Richtungsvektoren linear abhängig (kollinear) sind (▶ S. 74 f.).
- ◆ Zwei Geraden sind genau dann *identisch*, wenn sie parallel sind und ein Punkt der einen Geraden auf der anderen Geraden liegt.

Man untersucht deshalb zuerst die Richtungsvektoren auf lineare Unabhängigkeit.

BEISPIEL Im $\mathbb{R}^3$:

$g: \vec{x} = \vec{a} + \lambda \cdot \vec{u}, \lambda \in \mathbb{R}$, und $h: \vec{x} = \vec{b} + \mu \cdot \vec{v}, \mu \in \mathbb{R}$.

$$g: \begin{pmatrix} x_1 \\ x_2 \\ x_3 \end{pmatrix} = \begin{pmatrix} 1 \\ 3 \\ 5 \end{pmatrix} + \lambda \cdot \begin{pmatrix} 3 \\ 2 \\ 1 \end{pmatrix}, \lambda \in \mathbb{R}$$

$$h: \begin{pmatrix} x_1 \\ x_2 \\ x_3 \end{pmatrix} = \begin{pmatrix} 4 \\ 3 \\ 1 \end{pmatrix} + \mu \cdot \begin{pmatrix} -6 \\ -4 \\ -2 \end{pmatrix}, \mu \in \mathbb{R}$$

Untersuchung der Richtungsvektoren $\vec{u}$ und $\vec{v}$ auf lineare Abhängigkeit:

$$\begin{pmatrix} 3 \\ 2 \\ 1 \end{pmatrix} = \mu \cdot \begin{pmatrix} -6 \\ -4 \\ -2 \end{pmatrix} \Leftrightarrow \begin{matrix} 3 = -6\mu & \mu = -0,5 \\ 2 = -4\mu & \mu = -0,5 \\ 1 = -2\mu & \mu = -0,5 \end{matrix}$$

d. h., $\vec{u}$ und $\vec{v}$ sind linear abhängig und g und h sind parallel.

Untersuchung auf Identität:
Den Ortsvektor $\vec{b}$ in die Geradengleichung von g einsetzen:

$$\begin{pmatrix} 4 \\ 3 \\ 1 \end{pmatrix} = \begin{pmatrix} 1 \\ 3 \\ 5 \end{pmatrix} + \lambda \cdot \begin{pmatrix} 3 \\ 2 \\ 1 \end{pmatrix} \Leftrightarrow \begin{matrix} 4 = 1 + 3\lambda & \lambda = 1 \\ 3 = 3 + 2\lambda & \lambda = 0 \\ 1 = 5 + \lambda & \lambda = -4 \end{matrix}$$

Es gibt also keine reelle Zahl, die alle drei Gleichungen löst.
B liegt nicht auf der Geraden g.
g und h sind echt parallel.

SATZ

◆ Im $\mathbb{R}^3$ sind zwei Geraden genau dann **windschief,** wenn ihre beiden Richtungsvektoren und ein beliebiger Verbindungsvektor
von einem Punkt der einen Geraden zu einem Punkt der anderen Geraden
linear unabhängig sind.

◆ Im $\mathbb{R}^3$ haben zwei Geraden genau dann genau einen **Schnittpunkt,**
wenn ihre Richtungsvektoren linear unabhängig sind und beide Richtungsvektoren und ein beliebiger Verbindungsvektor von einem Punkt der
einen Geraden zu einem Punkt der anderen Geraden linear abhängig sind.

◆ Zwei Geraden sind genau dann zueinander **senkrecht (orthogonal),**
wenn ihre Richtungsvektoren orthogonal sind.
($\vec{u} \circ \vec{v} = 0$, ▶ S. 87 f.)

BEISPIEL

$g: \vec{x} = \vec{a} + \lambda \cdot \vec{u}, \lambda \in \mathbb{R}$, und $h: \vec{x} = \vec{b} + \mu \cdot \vec{v}, \mu \in \mathbb{R}$.

$g: \begin{pmatrix} x_1 \\ x_2 \\ x_3 \end{pmatrix} = \begin{pmatrix} 1 \\ 3 \\ 5 \end{pmatrix} + \lambda \cdot \begin{pmatrix} 3 \\ 2 \\ 1 \end{pmatrix}, \lambda \in \mathbb{R}$

$h: \begin{pmatrix} x_1 \\ x_2 \\ x_3 \end{pmatrix} = \begin{pmatrix} 4 \\ 3 \\ 1 \end{pmatrix} + \mu \cdot \begin{pmatrix} -3 \\ -4 \\ 2 \end{pmatrix}, \mu \in \mathbb{R}$

Überprüfung der Vektoren $\vec{u}$, $\vec{v}$ und $\vec{b} - \vec{a}$ auf lineare Unabhängigkeit:
(▶ S. 86)

$\vec{u}$, $\vec{v}$ und $\vec{b} - \vec{a}$ linear unabhängig $\Leftrightarrow \det\left(\vec{u}, \vec{v}, \vec{b} - \vec{a}\right) \neq 0$

$\det\left(\vec{u}, \vec{v}, \vec{b} - \vec{a}\right) = \begin{vmatrix} 3 & -3 & 4-1 \\ 2 & -4 & 3-3 \\ 1 & 2 & 1-5 \end{vmatrix} = \begin{vmatrix} 3 & -3 & 3 \\ 2 & -4 & 0 \\ 1 & 2 & -4 \end{vmatrix}$

$= 3 \cdot (-4) \cdot (-4) + (-3) \cdot 0 \cdot 1 + 3 \cdot 2 \cdot 2 - 1 \cdot (-4) \cdot 3$
$- 2 \cdot 0 \cdot 3 - (-4) \cdot 2 \cdot (-3) = 48 \neq 0$

g und h sind also windschief.

Schnitte von Geraden

Zur Schnittpunktsbestimmung wird ein Gleichungssystem aus den beiden Geradengleichungen gebildet (▶ S. 71 f.).

◆ Besitzt das Gleichungssystem keine Lösung, so sind die Geraden echt parallel oder windschief (nur im $\mathbb{R}^3$).
◆ Gibt es genau eine Lösung, so liefert sie den Schnittpunkt.
◆ Gibt es unendlich viele Lösungen, sind die Geraden identisch.

Zur Schnittpunktsbestimmung werden die rechten Seiten der Geradengleichungen gleichgesetzt.

BEISPIEL Im $\mathbb{R}^3$:

$g: \vec{x} = \vec{a} + \lambda \cdot \vec{u}, \lambda \in \mathbb{R}$, und $h: \vec{x} = \vec{b} + \mu \cdot \vec{v}, \mu \in \mathbb{R}$.

$$g: \begin{pmatrix} x_1 \\ x_2 \\ x_3 \end{pmatrix} = \begin{pmatrix} -2 \\ 7 \\ 2 \end{pmatrix} + \lambda \cdot \begin{pmatrix} 3 \\ 2 \\ 1 \end{pmatrix}, \lambda \in \mathbb{R}$$

$$h: \begin{pmatrix} x_1 \\ x_2 \\ x_3 \end{pmatrix} = \begin{pmatrix} -6 \\ 4 \\ -1 \end{pmatrix} + \mu \cdot \begin{pmatrix} 1 \\ 1 \\ 2 \end{pmatrix}, \mu \in \mathbb{R}$$

$$\begin{pmatrix} -2 \\ 7 \\ 2 \end{pmatrix} + \lambda \cdot \begin{pmatrix} 3 \\ 2 \\ 1 \end{pmatrix} = \begin{pmatrix} -6 \\ 4 \\ -1 \end{pmatrix} + \mu \begin{pmatrix} 1 \\ 1 \\ 2 \end{pmatrix} \Leftrightarrow \begin{array}{l} -2 + 3\lambda = -6 + \mu \\ 7 + 2\lambda = 4 + \mu \\ 2 + \lambda = -1 + 2\mu \end{array} \Leftrightarrow$$

(I) $3\lambda - \mu = -4$ (I–II) $\lambda \quad\;\; = -1$ $\lambda = -1$

(II) $2\lambda - \mu = -3 \Leftrightarrow$ (II) $2\lambda - \mu = -3 \Leftrightarrow \mu = 2\lambda + 3$

(III) $\lambda - 2\mu = -3$ (III$-2 \cdot$ II) $-3\lambda \;\;= 3$ $\lambda = -1$

$\Leftrightarrow \lambda = -1$ und $\mu = 1$. (Gleichungssysteme ▶ S. 64 f.)

Man erhält die Koordinaten des Schnittpunktes S, indem man $\lambda = -1$ in die Gleichung für g oder $\mu = 1$ in die Gleichung für h einsetzt.

$$\begin{pmatrix} s_1 \\ s_2 \\ s_3 \end{pmatrix} = \begin{pmatrix} -2 \\ 7 \\ 2 \end{pmatrix} + (-1) \cdot \begin{pmatrix} 3 \\ 2 \\ 1 \end{pmatrix} = \begin{pmatrix} -5 \\ 5 \\ 1 \end{pmatrix} \text{ oder } \begin{pmatrix} s_1 \\ s_2 \\ s_3 \end{pmatrix} = \begin{pmatrix} -6 \\ 4 \\ -1 \end{pmatrix} + 1 \cdot \begin{pmatrix} 1 \\ 1 \\ 2 \end{pmatrix} = \begin{pmatrix} -5 \\ 5 \\ 1 \end{pmatrix}$$

g und h haben den Schnittpunkt $S(-5|5|1)$.

Schnittwinkel zwischen Geraden

Unter dem Schnittwinkel φ zwischen zwei verschiedenen Geraden g und h versteht man den nicht stumpfen Winkel an der Geradenkreuzung.

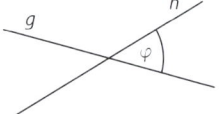

SATZ

Für den Schnittwinkel φ der Geraden g: $\vec{x} = \vec{a} + \lambda \cdot \vec{u}$, $\lambda \in \mathbb{R}$, und h: $\vec{x} = \vec{b} + \mu \cdot \vec{v}$, $\mu \in \mathbb{R}$, gilt:

$$\cos \varphi = \frac{|\vec{u} \circ \vec{v}|}{|\vec{u}| \cdot |\vec{v}|} \quad (\blacktriangleright \text{S.81}).$$

BEISPIEL   (Beispiel ▶ S. 97)

$$g: \begin{pmatrix} x_1 \\ x_2 \\ x_3 \end{pmatrix} = \begin{pmatrix} -2 \\ 7 \\ 2 \end{pmatrix} + \lambda \cdot \begin{pmatrix} 3 \\ 2 \\ 1 \end{pmatrix}, \lambda \in \mathbb{R}$$

$$h: \begin{pmatrix} x_1 \\ x_2 \\ x_3 \end{pmatrix} = \begin{pmatrix} -6 \\ 4 \\ -1 \end{pmatrix} + \mu \cdot \begin{pmatrix} 1 \\ 1 \\ 2 \end{pmatrix}, \mu \in \mathbb{R}$$

$$\cos \varphi = \frac{\left| \begin{pmatrix} 3 \\ 2 \\ 1 \end{pmatrix} \circ \begin{pmatrix} 1 \\ 1 \\ 2 \end{pmatrix} \right|}{\sqrt{3^2 + 2^2 + 1^2} \cdot \sqrt{1^2 + 1^2 + 2^2}}$$

$$= \frac{|3 \cdot 1 + 2 \cdot 1 + 1 \cdot 2|}{\sqrt{14} \cdot \sqrt{6}} = \frac{7}{\sqrt{84}}$$

$$\varphi = \cos^{-1} \frac{7}{\sqrt{84}} \approx 40°$$

Thema: _____
Abstand bei Geraden

Abstand eines Punktes von einer Geraden

Der *Abstand* $d(P;g)$ eines Punktes P von einer Geraden g ist gleich dem Betrag des Verbindungsvektors $\overrightarrow{PF}$ vom Punkt P zum Lotfußpunkt F des Lotes von P auf g. (▶ S. 100)

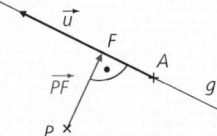

Abstand zweier paralleler Geraden

Der Abstand $d(g;h)$ zweier paralleler Geraden g und h ist gleich dem Abstand eines beliebigen Punktes der einen Geraden von der anderen Geraden. (▶ S. 100)

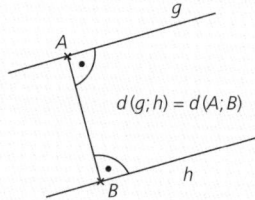

$$d(g;h) = d(A;B)$$

Abstand zweier windschiefer Geraden des $\mathbb{R}^3$

Der Abstand $d(g;h)$ zweier windschiefer Geraden g und h ist gleich dem Abstand eines Punktes der einen Geraden von der zu dieser Geraden parallelen Ebene, die die andere Gerade enthält. (▶ S. 128)

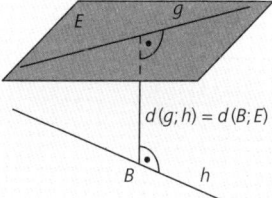

$$d(g;h) = d(B;E)$$

Abstandsberechnungen bei Geraden

Man erhält den Lotfußpunkt F, indem man das Skalarprodukt aus dem Richtungsvektor $\vec{u}$ der Geraden und einem Verbindungsvektor des gegebenen Punktes P und des allgemeinen Geradenpunktes X null setzt. Der so berechnete Parameter liefert nach dem Einsetzen in die Geradengleichung die Koordinaten des Lotfußpunktes F.

BEISPIEL   Im $\mathbb{R}^3$:

$g\colon \vec{x} = \vec{a} + \lambda \cdot \vec{u}, \lambda \in \mathbb{R}, P(p_1|p_2|p_3)$

$g\colon \begin{pmatrix} x_1 \\ x_2 \\ x_3 \end{pmatrix} = \begin{pmatrix} -2 \\ 7 \\ 2 \end{pmatrix} + \lambda \cdot \begin{pmatrix} 3 \\ 2 \\ 1 \end{pmatrix}, \lambda \in \mathbb{R}, P(-3|3|-1).$

$\vec{u} \circ \overrightarrow{PX} = 0 \Leftrightarrow$

$\begin{pmatrix} 3 \\ 2 \\ 1 \end{pmatrix} \circ \begin{pmatrix} x_1 - p_1 \\ x_2 - p_2 \\ x_3 - p_3 \end{pmatrix} = 0 \Leftrightarrow \begin{pmatrix} 3 \\ 2 \\ 1 \end{pmatrix} \circ \begin{pmatrix} -2 + 3\lambda - (-3) \\ 7 + 2\lambda - 3 \\ 2 + \lambda - (-1) \end{pmatrix} = 0 \Leftrightarrow$

$\begin{pmatrix} 3 \\ 2 \\ 1 \end{pmatrix} \circ \begin{pmatrix} 3\lambda + 1 \\ 2\lambda + 4 \\ \lambda + 3 \end{pmatrix} = 0 \Leftrightarrow$

$3 \cdot (3\lambda + 1) + 2 \cdot (2\lambda + 4) + 1 \cdot (\lambda + 3) = 0 \Leftrightarrow$

$9\lambda + 3 + 4\lambda + 8 + \lambda + 3 = 0 \Leftrightarrow 14\lambda = -14 \Leftrightarrow \lambda = -1$

$\lambda = -1$ in die Geradengleichung einsetzen:

$\begin{pmatrix} f_1 \\ f_2 \\ f_3 \end{pmatrix} = \begin{pmatrix} -2 \\ 7 \\ 2 \end{pmatrix} + (-1) \cdot \begin{pmatrix} 3 \\ 2 \\ 1 \end{pmatrix} = \begin{pmatrix} -5 \\ 5 \\ 1 \end{pmatrix}; F(-5|5|1)$ ist Lotfußpunkt.

$d(P;g) = \left| \overrightarrow{PF} \right| =$

$\left\| \begin{pmatrix} f_1 - p_1 \\ f_2 - p_2 \\ f_3 - p_3 \end{pmatrix} \right\| = \left\| \begin{pmatrix} -5 - (-3) \\ 5 - 3 \\ 1 - (-1) \end{pmatrix} \right\| = \left\| \begin{pmatrix} -2 \\ 2 \\ 2 \end{pmatrix} \right\| = \sqrt{(-2)^2 + 2^2 + 2^2} = \sqrt{12}$

4.4 Ebenen

Festlegung einer Ebene

Eine Ebene im $\mathbb{R}^3$ lässt sich eindeutig festlegen durch:

einen Punkt und zwei linear unabhängige Vektoren.	drei Punkte, die nicht auf einer Geraden liegen.
eine Gerade und einen Punkt, der nicht auf dieser Geraden liegt.	einen Punkt und einen Normalenvektor.
zwei echt parallele Geraden.	zwei sich schneidende Geraden.

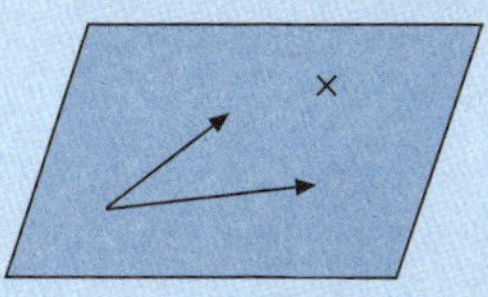

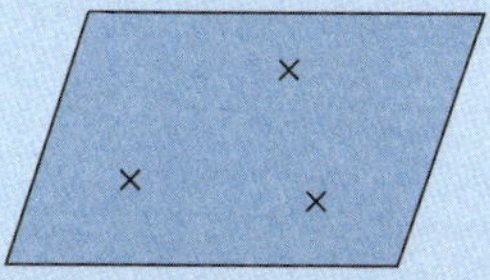

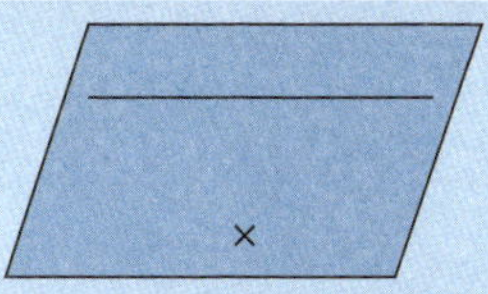

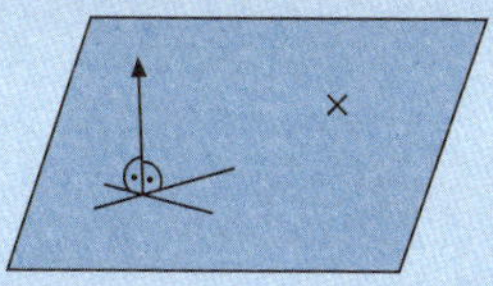

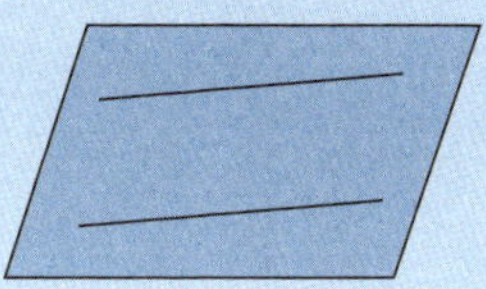

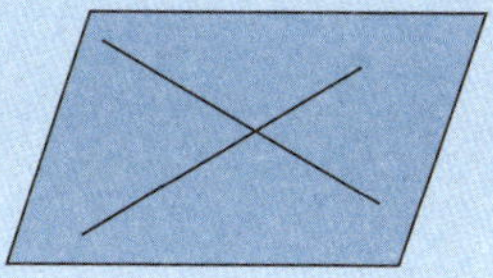

4

Darstellungen

Die folgenden beiden Formen heißen *Parameterformen.*

◆ *Punkt-Richtungs-Form*

Die Lage einer Ebene E im $\mathbb{R}^3$ sei durch einen Punkt A mit Ortsvektor $\vec{a}$ und zwei linear unabhängige *Richtungsvektoren* $\vec{u}$ und $\vec{v}$ festgelegt.
X sei ein beliebiger Punkt von E.

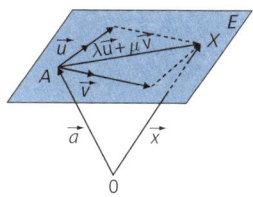

$E: x = \vec{a} + \lambda \cdot \vec{u} + \mu \cdot \vec{v},\ \lambda,\ \mu \in \mathbb{R}$

$$E: \begin{vmatrix} x_1 \\ x_2 \\ x_3 \end{vmatrix} = \begin{vmatrix} a_1 \\ a_2 \\ a_3 \end{vmatrix} + \lambda \cdot \begin{vmatrix} u_1 \\ u_2 \\ u_3 \end{vmatrix} + \mu \cdot \begin{vmatrix} v_1 \\ v_2 \\ v_3 \end{vmatrix},\ \lambda,\ \mu \in \mathbb{R}$$

◆ *Drei-Punkte-Form*

Die Lage einer Ebene E im $\mathbb{R}^3$ sei durch drei Punkte A, B und C, die nicht auf einer Geraden liegen, festgelegt. Die Ortsvektoren $\vec{a}$, $\vec{b}$ und $\vec{c}$ sind dann linear unabhängig.

X sei ein beliebiger Punkt von E.

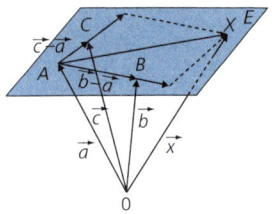

$E: \vec{x} = a + \lambda \cdot (\vec{b} - \vec{a}) + \mu \cdot (\vec{c} - \vec{a}),\ \lambda,\ \mu \in \mathbb{R}$

$$E: \begin{vmatrix} x_1 \\ x_2 \\ x_3 \end{vmatrix} = \begin{vmatrix} a_1 \\ a_2 \\ a_3 \end{vmatrix} + \lambda \cdot \begin{vmatrix} b_1 - a_1 \\ b_2 - a_2 \\ b_3 - a_3 \end{vmatrix} + \mu \cdot \begin{vmatrix} c_1 - a_1 \\ c_2 - a_2 \\ c_3 - a_3 \end{vmatrix},\ \lambda,\ \mu \in \mathbb{R}$$

BEACHTE Es gibt weitere mögliche Ebenengleichungen:
z. B.: $E: \vec{x} = \vec{b} + \lambda \cdot (\vec{a} - \vec{b}) + \mu \cdot (\vec{c} - \vec{b}),\ \lambda,\ \mu \in \mathbb{R}$ usw.

BEISPIELE

◆ Die Ebene E ist durch die Punkte $A\,(1|3|2)$, $B\,(-2|2|-1)$ und $C\,(3|1|5)$ gegeben.

$$E: \begin{vmatrix} x_1 \\ x_2 \\ x_3 \end{vmatrix} = \begin{vmatrix} 1 \\ 3 \\ 2 \end{vmatrix} + \lambda \cdot \begin{vmatrix} -2 - 1 \\ 2 - 3 \\ -1 - 2 \end{vmatrix} + \mu \cdot \begin{vmatrix} 3 - 1 \\ 1 - 3 \\ 5 - 2 \end{vmatrix},\ \lambda,\ \mu \in \mathbb{R}$$

$$E: \begin{vmatrix} x_1 \\ x_2 \\ x_3 \end{vmatrix} = \begin{vmatrix} 1 \\ 3 \\ 2 \end{vmatrix} + \lambda \cdot \begin{vmatrix} -3 \\ -1 \\ -3 \end{vmatrix} + \mu \cdot \begin{vmatrix} 2 \\ -2 \\ 3 \end{vmatrix},\ \lambda,\ \mu \in \mathbb{R}$$

◆ Die Ebene E ist durch zwei echt parallele Geraden g und h (Beispiel ▶ S. 96) gegeben bzw. durch eine Gerade g und einen Punkt B, der nicht auf g liegt. $\vec{g}: \vec{x} = \vec{a} + \lambda \cdot \vec{u},\ \lambda \in \mathbb{R}$, und $h: \vec{x} = \vec{b} + \mu \cdot \vec{v},\ \mu \in \mathbb{R}$.

$$g: \begin{vmatrix} x_1 \\ x_2 \\ x_3 \end{vmatrix} = \begin{vmatrix} 1 \\ 3 \\ 5 \end{vmatrix} + \lambda \cdot \begin{vmatrix} 3 \\ 2 \\ 1 \end{vmatrix},\ \lambda \in \mathbb{R}$$

$$h: \begin{vmatrix} x_1 \\ x_2 \\ x_3 \end{vmatrix} = \begin{vmatrix} 4 \\ 3 \\ 1 \end{vmatrix} + \mu \cdot \begin{vmatrix} -6 \\ -4 \\ -2 \end{vmatrix},\ \mu \in \mathbb{R}$$

AUGEN AUF!

Ein Punkt und ein Richtungsvektor
liefern die eine Gerade. Als zweiten
Richtungsvektor nimmt man einen
Verbindungsvektor eines Punktes
von g mit einem Punkt von h, z. B.
den Vektor $\overrightarrow{AB}$.

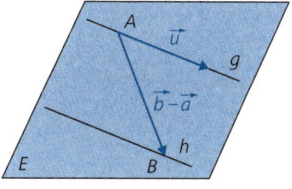

$E: \vec{x} = \vec{a} + \lambda \cdot \vec{u} + \mu \cdot \left(\vec{b} - \vec{a} \right), \lambda, \mu \in \mathbb{R}$

$E: \begin{pmatrix} x_1 \\ x_2 \\ x_3 \end{pmatrix} = \begin{pmatrix} 1 \\ 3 \\ 5 \end{pmatrix} + \lambda \cdot \begin{pmatrix} 3 \\ 2 \\ 1 \end{pmatrix} + \mu \cdot \begin{pmatrix} 3 \\ 0 \\ -4 \end{pmatrix}, \lambda, \mu \in \mathbb{R}$

◆ Die Ebene E ist durch zwei sich schneidende Geraden g und h gegeben.
(Beispiel ▶ S. 98)

$g: \vec{x} = \vec{a} + \lambda \cdot \vec{u}, \lambda \in \mathbb{R}$, und $h: \vec{x} = \vec{b} + \mu \cdot \vec{v}, \mu \in \mathbb{R}$

$g: \begin{pmatrix} x_1 \\ x_2 \\ x_3 \end{pmatrix} = \begin{pmatrix} -2 \\ 7 \\ 2 \end{pmatrix} + \lambda \cdot \begin{pmatrix} 3 \\ 2 \\ 1 \end{pmatrix}, \lambda \in \mathbb{R}; \ h: \begin{pmatrix} x_1 \\ x_2 \\ x_3 \end{pmatrix} = \begin{pmatrix} -6 \\ 4 \\ -1 \end{pmatrix} + \mu \cdot \begin{pmatrix} 1 \\ 1 \\ 2 \end{pmatrix}, \mu \in \mathbb{R}$

Die Ebene ist durch einen Punkt von g oder
h und deren Richtungsvektoren $\vec{u}$ und $\vec{v}$
festgelegt.

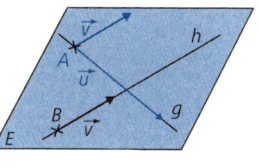

$E: \vec{x} = \vec{a} + \lambda \cdot \vec{u} + \mu \cdot \vec{v}, \lambda, \mu \in \mathbb{R}.$

$E: \begin{pmatrix} x_1 \\ x_2 \\ x_3 \end{pmatrix} = \begin{pmatrix} -2 \\ 7 \\ 2 \end{pmatrix} + \lambda \cdot \begin{pmatrix} 3 \\ 2 \\ 1 \end{pmatrix} + \mu \cdot \begin{pmatrix} 1 \\ 1 \\ 2 \end{pmatrix}, \lambda, \mu \in \mathbb{R}$

Die folgenden Formen heißen *Koordinatenformen.*

◆ *Achsenabschnittsform*

Schneidet die Ebene E die
x_1-Achse im Punkt $S(s|0|0)$, die
x_2-Achse im Punkt $T(0|t|0)$ und die
x_3-Achse im Punkt $U(0|0|u)$, so gilt
für einen beliebigen
Punkt $X(x_1|x_2|x_3)$ auf der Ebene E:

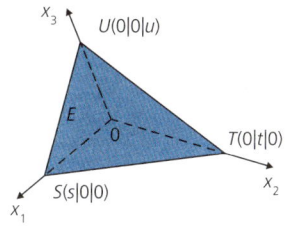

$E: \dfrac{x_1}{s} + \dfrac{x_2}{t} + \dfrac{x_3}{u} = 1; \ s \neq 0, \ t \neq 0, \ u \neq 0$

BEISPIEL Die Ebene E ist durch die Achsenschnittpunkte
$S(4|0|0)$, $T(0|-2|0)$ und $U(0|0|3)$ gegeben.

$E: \dfrac{x_1}{4} + \dfrac{x_2}{-2} + \dfrac{x_3}{3} = 1$

Im Folgenden wird ein kartesisches Koordinatensystem (▶ S. 76) im $\mathbb{R}^3$ vorausgesetzt.

◆ *Normalenform*

$\vec{n}$ sei ein Normalenvektor (▶ S. 87) der Ebene E, die durch den Punkt A mit Ortsvektor $\vec{a}$ verläuft. X mit Ortsvektor $\vec{x}$ sei ein beliebiger Punkt der Ebene E.

$E: \vec{n} \circ (\vec{x} - \vec{a}) = 0$

$E: \begin{pmatrix} n_1 \\ n_2 \\ n_3 \end{pmatrix} \circ \begin{vmatrix} x_1 - a_1 \\ x_2 - a_2 \\ x_3 - a_3 \end{vmatrix} = 0;$

$E: n_1 \cdot x_1 + n_2 \cdot x_2 + n_3 \cdot x_3 + n_0 = 0,$
mit $n_0 = -n_1 \cdot a_1 - n_2 \cdot a_2 - n_3 \cdot a_3$

BEISPIEL   Die Ebene E ist durch den Punkt $A(1|-3|1)$ und den Normalenvektor $\vec{n}$ gegeben.

$\vec{n} = \begin{pmatrix} 1 \\ -2 \\ 2 \end{pmatrix}$

Dann ist $E: \begin{pmatrix} 1 \\ -2 \\ 2 \end{pmatrix} \circ \begin{vmatrix} x_1 - 1 \\ x_2 - (-3) \\ x_3 - 1 \end{vmatrix} = 0;$

$E: 1 \cdot (x_1 - 1) + (-2) \cdot (x_2 + 3) + 2 \cdot (x_3 - 1) = 0$
$E: x_1 - 1 - 2 \cdot x_2 - 6 + 2 \cdot x_3 - 2 = 0$
$E: x_1 - 2 \cdot x_2 + 2 \cdot x_3 - 9 = 0$

◆ *Hesse'sche Normalenform (HNF)*

Falls die Ebene E nicht durch den Ursprung geht, sei $\vec{n}^0$ der Normaleneinheitsvektor (▶ S. 82) der Ebene E, der auf die Seite von E zeigt, die den Ursprung nicht enthält. Falls E durch den Ursprung geht, kann $\vec{n}^0$ beliebig gewählt werden. $A(a_1|a_2|a_3)$ mit Ortsvektor $\vec{a}$ sei ein fester Punkt und $X(x_1|x_2|x_3)$ mit Ortsvektor $\vec{x}$ sei ein beliebiger Punkt von E.

HNF von E: $\vec{n}^0 \circ (\vec{x} - \vec{a}) = 0$, wobei $\vec{n}^0 \circ \vec{a} \geq 0$ der Abstand des Ursprungs von der Ebene E ist (▶ S. 129).

HNF von E: $\begin{vmatrix} n_1^0 \\ n_2^0 \\ n_3^0 \end{vmatrix} \circ \begin{vmatrix} x_1 - a_1 \\ x_2 - a_2 \\ x_3 - a_3 \end{vmatrix} = 0$

HNF von E: $n_1^0 \cdot x_1 + n_2^0 \cdot x_2 + n_3^0 \cdot x_3 + n_0^0 = 0$
mit $n_0^0 = - n_1^0 \cdot a_1 - n_2^0 \cdot a_2 - n_3^0 \cdot a_3 \leq 0$

BEISPIEL (Beispiel ▶ S. 104)
Die Ebene E ist durch den Punkt $A\,(1|-3|1)$ und den Normalenvektor $\vec{n}$ gegeben.

$$\vec{n} = \begin{pmatrix} 1 \\ -2 \\ 2 \end{pmatrix}; \vec{n}^0 = \frac{1}{|\vec{n}|} \cdot \vec{n} = \frac{1}{\sqrt{1^2 + (-2)^2 + 2^2}} \cdot \begin{pmatrix} 1 \\ -2 \\ 2 \end{pmatrix} = \frac{1}{3} \cdot \begin{pmatrix} 1 \\ -2 \\ 2 \end{pmatrix}$$

$$E: \frac{1}{3} \cdot \begin{pmatrix} 1 \\ -2 \\ 2 \end{pmatrix} \circ \begin{pmatrix} x_1 - 1 \\ x_2 - (-3) \\ x_3 - 1 \end{pmatrix} = 0;$$

$$E: \frac{1}{3} x_1 - \frac{2}{3} \cdot x_2 + \frac{2}{3} \cdot x_3 - 3 = 0$$

BEACHTE Kontrolliere, dass $n_0^0 \leq 0$.

Umwandeln in andere Darstellungsformen
◆ Die Ebene E ist in Parameterform gegeben. Umwandlung in eine Normalenform und die Achsenabschnittsform.
$E: \vec{x} = \vec{a} + \lambda \cdot \vec{u} + \mu \cdot \vec{v}, \lambda, \mu \in \mathbb{R}$
$$E: \begin{pmatrix} x_1 \\ x_2 \\ x_3 \end{pmatrix} = \begin{pmatrix} 3 \\ 1,5 \\ 0 \end{pmatrix} + \lambda \cdot \begin{pmatrix} -1 \\ -1,5 \\ 2 \end{pmatrix} + \mu \cdot \begin{pmatrix} -3 \\ 3 \\ 1 \end{pmatrix}, \lambda, \mu \in \mathbb{R}$$
Ansatz: $E: \vec{n} \circ (\vec{x} - \vec{a}) = 0$
Berechnung von $\vec{n}$:
BEACHTE Mit dem Vektorprodukt: $\vec{n} = \vec{u} \times \vec{v}$ (▶ S. 82). Mit dem Skalarprodukt: $\vec{n} \circ \vec{u} = 0$ und $\vec{n} \circ \vec{v} = 0$ (▶ S. 87).

Einsetzen von $\vec{n} = \begin{pmatrix} 3 \\ 2 \\ 3 \end{pmatrix}$ ergibt: $E: \begin{pmatrix} 3 \\ 2 \\ 3 \end{pmatrix} \circ \begin{pmatrix} x_1 - 3 \\ x_2 - 1,5 \\ x_3 - 0 \end{pmatrix} = 0 \Leftrightarrow$

$3 \cdot (x_1 - 3) + 2 \cdot (x_2 - 1,5) + 3 \cdot (x_3 - 0) = 0 \Leftrightarrow$
$3x_1 - 9 + 2x_2 - 3 + 3x_3 = 0 \Leftrightarrow$

Normalenform: $E: 3x_1 + 2x_2 + 3x_3 - 12 = 0$.

Andere Berechnungsmöglichkeit:

Es gilt $\vec{0} = (\vec{a} - \vec{x}) + \lambda \cdot \vec{u} + \mu \cdot \vec{v}$ mit $\lambda, \mu \in \mathbb{R}$. Folglich sind die Vektoren $\vec{a} - \vec{x}, \vec{u}$ und $\vec{v}$ linear abhängig, d. h., ihre Determinante hat den Wert null. ($\blacktriangleright$ S. 86).

$$0 = \det(\vec{a} - \vec{x}, \vec{u}, \vec{v}) = \begin{vmatrix} 3 - x_1 & -1 & -3 \\ 1{,}5 - x_2 & -1{,}5 & 3 \\ 0 - x_3 & 2 & 1 \end{vmatrix}$$

$= (3 - x_1) \cdot (-1{,}5) \cdot 1 + (-1) \cdot 3 \cdot (0 - x_3) + (-3) \cdot (1{,}5 - x_2) \cdot 2$
$- (0 - x_3) \cdot (-1{,}5) \cdot (-3) - 2 \cdot 3 \cdot (3 - x_1) - 1 \cdot (1{,}5 - x_2) \cdot (-1)$
$= -4{,}5 + 1{,}5x_1 + 3x_3 - 9 + 6x_2 + 4{,}5x_3 - 18 + 6x_1 + 1{,}5 - x_2$
$= 7{,}5x_1 + 5x_2 + 7{,}5x_3 - 30$

Zusammenfassung: $7{,}5x_1 + 5x_2 + 7{,}5x_3 - 30 = 0 \mid : 2{,}5$

Normalenform: $E: 3x_1 + 2x_2 + 3x_3 - 12 = 0$

Berechnung der Achsenabschnittsform:

$3x_1 + 2x_2 + 3x_3 = 12 \mid : 12$

Achsenabschnittsform: $E: \dfrac{x_1}{4} + \dfrac{x_2}{6} + \dfrac{x_3}{4} = 1$

◆ **Die Ebene E ist in Normalenform gegeben.**
　Umwandlung in eine Parameterform.

$E: 6x_1 - 4x_2 + 2x_3 - 12 = 0$

▌ BEACHTE　Wähle $x_1 = \lambda$ und $x_2 = \mu$ und setze in die Ebenengleichung ein, so folgt:

$6\lambda - 4\mu + 2x_3 - 12 = 0 \Leftrightarrow x_3 = 6 - 3\lambda + 2\mu$

$$E: \begin{pmatrix} x_1 \\ x_2 \\ x_3 \end{pmatrix} = \begin{pmatrix} \lambda \\ \mu \\ 6 - 3\lambda + 2\mu \end{pmatrix} \Leftrightarrow$$

$$E: \begin{pmatrix} x_1 \\ x_2 \\ x_3 \end{pmatrix} = \begin{pmatrix} 0 \\ 0 \\ 6 \end{pmatrix} + \lambda \cdot \begin{pmatrix} 1 \\ 0 \\ -3 \end{pmatrix} + \mu \cdot \begin{pmatrix} 0 \\ 1 \\ 2 \end{pmatrix}, \lambda, \mu \in \mathbb{R}.$$

◆ **Die Ebene E ist in Normalenform gegeben.**
　Umwandlung in die Hesse'sche Normalenform.

SATZ

HNF von E: $\dfrac{n_1 \cdot x_1 + n_2 \cdot x_2 + n_3 \cdot x_3 + n_0}{(-\operatorname{sgn} n_0) \cdot \sqrt{n_1^2 + n_2^2 + n_3^2}} = 0,$

mit $n_0 = -n_1 \cdot a_1 - n_2 \cdot a_2 - n_3 \cdot a_3 \neq 0$

Der Faktor $\sqrt{n_1^2 + n_2^2 + n_3^2}$ normiert den Normalenvektor auf Länge 1 und der Faktor $(-\operatorname{sgn} n_0)$ stellt sicher, dass $n_0^0 < 0$ ist ($\blacktriangleright$ S. 105).

Für $n_0 = 0$ entfällt $(-\operatorname{sgn} n_0)$ in der Formel.

BEISPIEL

$E: x_1 - 2 \cdot x_2 + 2 \cdot x_3 - 9 = 0$

HNF von E: $\dfrac{x_1 + (-2) \cdot x_2 + 2 \cdot x_3 + (-9)}{(-\operatorname{sgn}(-9)) \cdot \sqrt{1^2 + (-2)^2 + 2^2}} = 0$

HNF von E: $\dfrac{1}{3} x_1 - \dfrac{2}{3} x_2 + \dfrac{2}{3} x_3 - 3 = 0$

▶ **ANMERKUNG**   Die Funktion $\operatorname{sgn}(x)$ (lies: Signum von x) gibt das Vorzeichen von x an. Es gilt:
$\operatorname{sgn}(x) = 1$ für $x > 0$; $\operatorname{sgn}(x) = 0$ für $x = 0$;
$\operatorname{sgn}(x) = -1$ für $x < 0$.

Lagebeziehungen

Lage im Koordinatensystem

Wir betrachten Ursprungsebenen und Parallelebenen zu den Koordinatenebenen.

◆ **Die Gleichung der Ebene ist in Parameterform gegeben.**

> **SATZ**
>
> Die Ebene $E: \vec{x} = \vec{a} + \lambda \cdot \vec{u} + \mu \cdot \vec{v}$, $\lambda, \mu \in \mathbb{R}$, geht durch den Ursprung, wenn die Koordinaten des Ursprungs die Ebenengleichung erfüllen. Dies gilt genau dann, wenn $\vec{a}$ von $\vec{u}$ und $\vec{v}$ linear abhängig ist. (▶ S. 86)

BEISPIEL

$E: \begin{pmatrix} x_1 \\ x_2 \\ x_3 \end{pmatrix} = \begin{pmatrix} -2 \\ 4{,}5 \\ -1 \end{pmatrix} + \lambda \cdot \begin{pmatrix} -1 \\ -1{,}5 \\ 2 \end{pmatrix} + \mu \cdot \begin{pmatrix} -3 \\ 3 \\ 1 \end{pmatrix}, \lambda, \mu \in \mathbb{R}.$

$\begin{pmatrix} 0 \\ 0 \\ 0 \end{pmatrix} = \begin{pmatrix} -2 \\ 4{,}5 \\ -1 \end{pmatrix} + \lambda \cdot \begin{pmatrix} -1 \\ -1{,}5 \\ 2 \end{pmatrix} + \mu \cdot \begin{pmatrix} -3 \\ 3 \\ 1 \end{pmatrix} \Leftrightarrow$

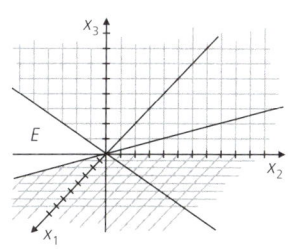

(I) $0 = -2 - \lambda - 3\mu$

(II) $0 = 4{,}5 - 1{,}5\lambda + 3\mu \Leftrightarrow$

(III) $0 = -1 + 2\lambda + \mu$

(I) + (II) $0 = 2{,}5 - 2{,}5\lambda$

(II) $0 = 4{,}5 - 1{,}5\lambda + 3\mu \Leftrightarrow$

(III) $0 = -1 + 2\lambda + \mu$

$\begin{aligned} \lambda &= 1 \\ \mu &= -1 \\ 0 &= 0 \end{aligned}$ d. h., der Ursprung liegt in E.
E ist also eine Ursprungsebene.

SATZ

Eine Ebene E ist parallel zu einer Koordinatenebene, wenn ihre beiden Richtungsvektoren bei derselben Koordinate den Wert 0 haben.

BEISPIEL

$$E: \begin{pmatrix} x_1 \\ x_2 \\ x_3 \end{pmatrix} = \begin{pmatrix} 3 \\ 1,5 \\ 0 \end{pmatrix} + \lambda \cdot \begin{pmatrix} 0 \\ -1,5 \\ 2 \end{pmatrix} + \mu \cdot \begin{pmatrix} 0 \\ 3 \\ 1 \end{pmatrix},$$

$\lambda, \mu \in \mathbb{R}$.

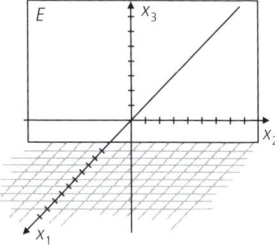

E ist parallel zur x_2-x_3-Ebene.

◆ **Die Gleichung der Ebene ist in Normalenform gegeben.**

SATZ

Die Ebene E geht durch den Ursprung, wenn die Koordinaten des Ursprungs die Ebenengleichung erfüllen (Erkennungsmerkmal $n_0 = 0$).

BEISPIEL $E: x_1 + 2 \cdot x_2 - x_3 = 0$ ist eine Ursprungsebene.

SATZ

Die Ebene E ist parallel zu einer Koordinatenebene, wenn nur einer der Koeffizienten von null verschieden ist.

BEISPIEL

$E: x_2 = -3$ ist eine Parallelebene zur x_1-x_3-Ebene.

Die *Koordinatenebenen* im $\mathbb{R}^3$:
x_1-x_2-Ebene: $x_3 = 0$;
x_1-x_3-Ebene: $x_2 = 0$;
x_2-x_3-Ebene: $x_1 = 0$.

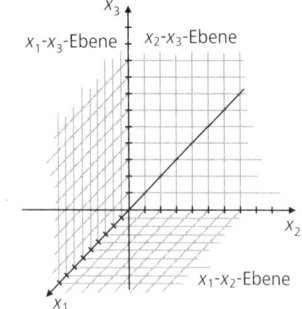

Lage von Punkt und Ebene zueinander

SATZ

Ein Punkt liegt genau dann in einer Ebene, wenn sein Ortsvektor bzw. seine Koordinaten die Ebenengleichung erfüllen.

BEISPIELE

◆ $E: \vec{x} = \vec{a} + \lambda \cdot \vec{u} + \mu \cdot \vec{v}$, $\lambda, \mu \in \mathbb{R}$ und $P(p_1|p_2|p_3)$

$$E: \begin{pmatrix} x_1 \\ x_2 \\ x_3 \end{pmatrix} = \begin{pmatrix} 3 \\ 1{,}5 \\ 0 \end{pmatrix} + \lambda \cdot \begin{pmatrix} -1 \\ -1{,}5 \\ 2 \end{pmatrix} + \mu \cdot \begin{pmatrix} -3 \\ 3 \\ 1 \end{pmatrix}, \lambda, \mu \in \mathbb{R}$$

$P(5|-3|3)$

Den Ortsvektor $\vec{p}$ in die Geradengleichung einsetzen.

$$\begin{pmatrix} 5 \\ -3 \\ 3 \end{pmatrix} = \begin{pmatrix} 3 \\ 1{,}5 \\ 0 \end{pmatrix} + \lambda \cdot \begin{pmatrix} -1 \\ -1{,}5 \\ 2 \end{pmatrix} + \mu \cdot \begin{pmatrix} -3 \\ 3 \\ 1 \end{pmatrix} \Leftrightarrow$$

$$\begin{aligned} 5 &= 3 - \lambda - 3\mu \\ -3 &= 1{,}5 - 1{,}5\lambda + 3\mu \quad \Leftrightarrow \\ 3 &= 0 + 2\lambda + \mu \end{aligned}$$

$$\begin{aligned} \text{(I)} & \quad \lambda + 3\mu + 2 = 0 \\ \text{(II)} & \quad 1{,}5\lambda - 3\mu - 4{,}5 = 0 \quad \Leftrightarrow \\ \text{(III)} & \quad -2\lambda - \mu + 3 = 0 \end{aligned}$$

$$\begin{aligned} \text{(I) + (II)} & \quad 2{,}5\lambda - 2{,}5 = 0 \qquad \lambda = 1 \\ \text{(II)} & \quad 1{,}5\lambda - 3\mu - 4{,}5 = 0 \Leftrightarrow \mu = -1 \\ \text{(III)} & \quad -2\lambda - \mu + 3 = 0 \qquad 2 = 0 \end{aligned}$$

Es gibt also kein Paar reeller Zahlen, das alle drei Gleichungen löst.
P liegt also nicht in der Ebene E.

◆ $E: n_1 \cdot x_1 + n_2 \cdot x_2 + n_3 \cdot x_3 + n_0 = 0$ und $Q(q_1|q_2|q_3)$.
$E: x_1 - 2x_2 + 2x_3 - 9 = 0$ und $Q(4|-1|1{,}5)$.
Die Koordinaten von Q in die Ebenengleichung einsetzen.
$4 - 2 \cdot (-1) + 2 \cdot 1{,}5 - 9 = 0 \Leftrightarrow 4 + 2 + 3 - 9 = 0 \Leftrightarrow 0 = 0$
Die Koordinaten von Q erfüllen die Ebenengleichung.
Q liegt in der Ebene E.

Thema: _____
Lage von Gerade und Ebene

Ebenengleichung in Parameterform:

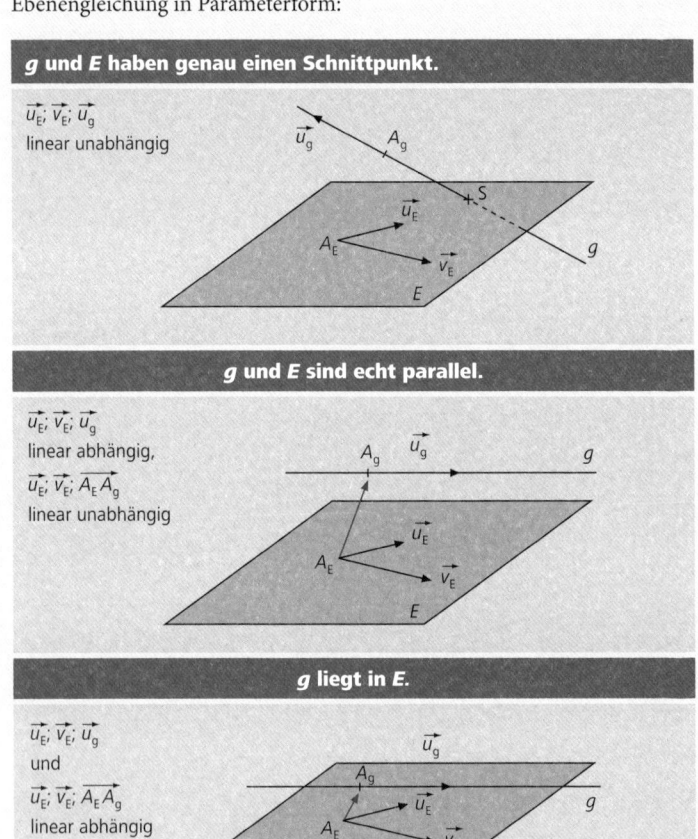

Ebenengleichung in Normalenform:

g und E haben genau einen Schnittpunkt.

$\vec{u}$ und $\vec{n}$ sind nicht orthogonal.

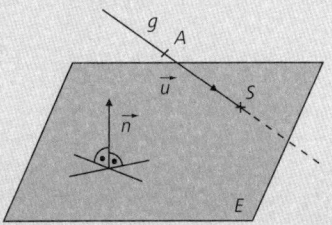

g und E sind echt parallel.

$\vec{u}$ und $\vec{n}$ sind orthogonal.
A liegt nicht in E.

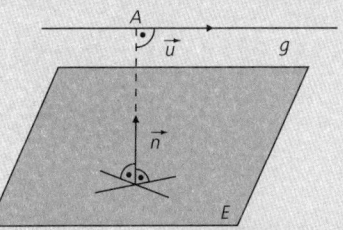

g liegt in E.

$\vec{u}$ und $\vec{n}$ sind orthogonal.
A liegt in E.

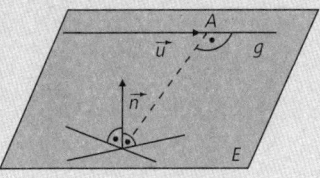

4

Untersuchung der Lagebeziehung Gerade/Ebene

◆ Die Gleichung der Ebene ist in Parameterform gegeben.

SATZ

- ◆ Eine Gerade und eine Ebene sind genau dann **parallel,** wenn ihre drei Richtungsvektoren linear abhängig sind. (▶ S. 86)
- ◆ Eine Gerade liegt genau dann in einer Ebene, wenn zusätzlich ein Punkt der Geraden in der Ebene liegt.
- ◆ Eine Gerade und eine Ebene haben genau dann genau einen **Schnitt-punkt,** wenn ihre drei Richtungsvektoren linear unabhängig sind. (▶ S. 86)
- ◆ Eine Gerade und eine Ebene sind genau dann zueinander **senkrecht (orthogonal),** wenn der Richtungsvektor der Geraden zu beiden Richtungsvektoren der Ebene orthogonal ist.

BEISPIEL

$g: \vec{x} = \vec{p} + \sigma \cdot \vec{u}, \sigma \in \mathbb{R}$

$g: \begin{pmatrix} x_1 \\ x_2 \\ x_3 \end{pmatrix} = \begin{pmatrix} 5 \\ -3 \\ 3 \end{pmatrix} + \sigma \cdot \begin{pmatrix} 1 \\ -6 \\ 3 \end{pmatrix}, \sigma \in \mathbb{R}$

$E: \vec{x} = \vec{a} + \lambda \cdot \vec{v} + \mu \cdot \vec{w}, \lambda, \mu \in \mathbb{R}$

$E: \begin{pmatrix} x_1 \\ x_2 \\ x_3 \end{pmatrix} = \begin{pmatrix} 3 \\ 1,5 \\ 0 \end{pmatrix} + \lambda \cdot \begin{pmatrix} -1 \\ -1,5 \\ 2 \end{pmatrix} + \mu \begin{pmatrix} -3 \\ 3 \\ 1 \end{pmatrix}, \lambda, \mu \in \mathbb{R}$

Untersuchung der drei Richtungsvektoren $\vec{u}$, $\vec{v}$ und $\vec{w}$ auf lineare Abhängigkeit (▶ S. 86):

$$\det(\vec{u}, \vec{v}, \vec{w}) = \begin{vmatrix} 1 & -1 & -3 \\ -6 & -1,5 & 3 \\ 3 & 2 & 1 \end{vmatrix} = 0.$$

$\vec{u}$, $\vec{v}$ und $\vec{w}$ sind also linear abhängig. g und E sind parallel. Da P nicht in E liegt (Beispiel ▶ S. 109), sind g und E echt parallel.

◆ **Die Gleichung der Ebene ist in Normalenform gegeben.**

> **SATZ**
>
> ◆ Eine Gerade und eine Ebene sind genau dann **parallel,** wenn der Richtungsvektor der Geraden und der Normalenvektor der Ebene orthogonal sind. (▸ S. 87 f.)
> ◆ Eine Gerade liegt genau dann in einer Ebene, wenn zusätzlich ein Punkt der Geraden in der Ebene liegt.
> ◆ Eine Gerade und eine Ebene haben genau dann genau einen **Schnittpunkt,** wenn der Richtungsvektor der Geraden und der Normalenvektor der Ebene nicht orthogonal sind.
> ◆ Eine Gerade und eine Ebene sind genau dann zueinander **senkrecht (orthogonal),** wenn der Richtungsvektor der Geraden und der Normalenvektor der Ebene linear abhängig sind.

BEISPIEL

$g: \vec{x} = \vec{a} + \lambda \cdot \vec{u}, \lambda \in \mathbb{R}$

$g: \begin{pmatrix} x_1 \\ x_2 \\ x_3 \end{pmatrix} = \begin{pmatrix} 4 \\ -4{,}5 \\ 2 \end{pmatrix} + \lambda \cdot \begin{pmatrix} 2 \\ -6 \\ 3 \end{pmatrix}, \lambda \in \mathbb{R}$

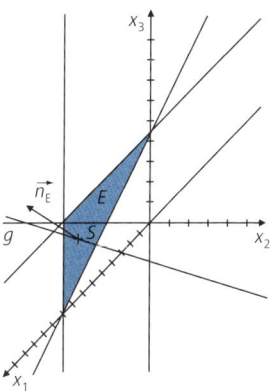

$E: n_1 \cdot x_1 + n_2 \cdot x_2 + n_3 \cdot x_3 + n_0 = 0$
$E: x_1 - 2 \cdot x_2 + 2 \cdot x_3 - 9 = 0$
Untersuchung von $\vec{u}$ und $\vec{n}$ auf
Orthogonalität (▸ S. 87 f.):

$\vec{u} \circ \vec{n} = \begin{pmatrix} 2 \\ -6 \\ 3 \end{pmatrix} \circ \begin{pmatrix} 1 \\ -2 \\ 2 \end{pmatrix}$

$= 2 \cdot 1 + (-6) \cdot (-2) + 3 \cdot 2 = 20 \neq 0$

$\vec{u}$ und $\vec{n}$ sind nicht orthogonal, also
haben g und E genau einen Schnittpunkt.

Thema:
Lage von zwei Ebenen zueinander

Ebenengleichungen in Parameterform

E und F haben genau eine Schnittgerade.

$\vec{u_E}$; $\vec{v_E}$; $\vec{u_F}$ oder $\vec{u_E}$; $\vec{v_E}$; $\vec{v_F}$

linear unabhängig

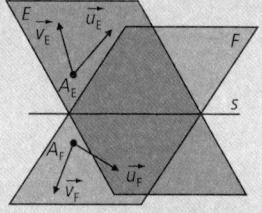

E und F sind echt parallel.

$\vec{u_E}$; $\vec{v_E}$; $\vec{u_F}$ und $\vec{u_E}$; $\vec{v_E}$; $\vec{v_F}$

linear abhängig,

$\vec{u_E}$; $\vec{v_E}$; $\overrightarrow{A_E A_F}$ und $\vec{u_F}$; $\vec{v_F}$; $\overrightarrow{A_E A_F}$

linear unabhängig

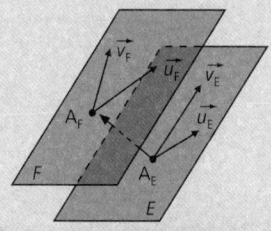

E und F identisch.

$\vec{u_E}$; $\vec{v_E}$; $\vec{u_F}$ und $\vec{u_E}$; $\vec{v_E}$; $\vec{v_F}$

linear abhängig,

$\vec{u_E}$; $\vec{v_E}$; $\overrightarrow{A_E A_F}$ und $\vec{u_F}$; $\vec{v_F}$; $\overrightarrow{A_E A_F}$

linear abhängig

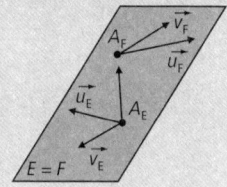

Ebenengleichungen in Normalenform

E und F haben genau eine Schnittgerade.

$\vec{n_E}$ und $\vec{n_F}$ sind nicht kollinear.

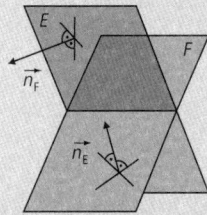

E und F sind echt parallel.

$\vec{n_E}$ und $\vec{n_F}$ sind kollinear
und A_F liegt nicht in E.

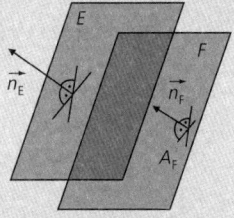

E und F sind identisch.

$\vec{n_E}$ und $\vec{n_F}$ sind kollinear
und A_F liegt in E.

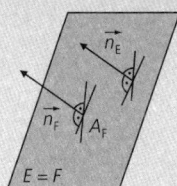

Untersuchung der Lagebeziehung Ebene/Ebene

◆ Die Gleichungen beider Ebenen sind in Parameterform gegeben.

$E_1: \vec{x} = \vec{a} + \lambda \cdot \vec{u} + \mu \cdot \vec{v}, \lambda, \mu \in \mathbb{R}$

$E_2: \vec{x} = \vec{b} + \sigma \cdot \vec{w} + \tau \cdot \vec{z}, \sigma, \tau \in \mathbb{R}$

SATZ

◆ Zwei Ebenen E_1 und E_2 sind genau dann **parallel,** wenn die Richtungsvektoren $\vec{u}$, $\vec{v}$ und $\vec{w}$ und die Richtungsvektoren $\vec{u}$, $\vec{v}$ und $\vec{z}$ linear abhängig (komplanar) sind. (▶ S. 75)

◆ Zwei Ebenen E_1 und E_2 sind genau dann **identisch,** wenn zusätzlich ein Punkt der einen Ebene in der anderen Ebene liegt.

◆ Zwei Ebenen E_1 und E_2 haben genau dann eine **Schnittgerade,** wenn die Richtungsvektoren $\vec{u}$, $\vec{v}$ und $\vec{w}$ oder die Richtungsvektoren $\vec{u}$, $\vec{v}$ und $\vec{z}$ linear unabhängig sind.

BEISPIEL

$E_1: \begin{pmatrix} x_1 \\ x_2 \\ x_3 \end{pmatrix} = \begin{pmatrix} 1 \\ 3 \\ 5 \end{pmatrix} + \lambda \cdot \begin{pmatrix} 3 \\ 2 \\ 1 \end{pmatrix} + \mu \cdot \begin{pmatrix} -1 \\ -2 \\ 1 \end{pmatrix}, \lambda, \mu \in \mathbb{R}$

$E_2: \begin{pmatrix} x_1 \\ x_2 \\ x_3 \end{pmatrix} = \begin{pmatrix} 4 \\ 3 \\ 1 \end{pmatrix} + \sigma \cdot \begin{pmatrix} -4 \\ -4 \\ 0 \end{pmatrix} + \tau \cdot \begin{pmatrix} 2 \\ 0 \\ 2 \end{pmatrix}, \sigma, \tau \in \mathbb{R}$

Untersuchung der drei Richtungsvektoren $\vec{u}$, $\vec{v}$, $\vec{w}$ und $\vec{u}$, $\vec{v}$, $\vec{z}$ auf lineare Abhängigkeit (▶ S. 86):

$$\det(\vec{u}, \vec{v}, \vec{w}) = \begin{vmatrix} 3 & -1 & -4 \\ 2 & -2 & -4 \\ 1 & 1 & 0 \end{vmatrix} = 0$$

$$\det(\vec{u}, \vec{v}, \vec{z}) = \begin{vmatrix} 3 & -1 & 2 \\ 2 & -2 & 0 \\ 1 & 1 & 2 \end{vmatrix} = 0$$

$\vec{u}, \vec{v}, \vec{w}$ und $\vec{u}, \vec{v}, \vec{z}$ sind linear abhängig und somit sind E_1 und E_2 parallel.

Überprüfung, ob $A \in E_2$:

$$\begin{pmatrix} 1 \\ 3 \\ 5 \end{pmatrix} = \begin{pmatrix} 4 \\ 3 \\ 1 \end{pmatrix} + \sigma \cdot \begin{pmatrix} -4 \\ -4 \\ 0 \end{pmatrix} + \tau \cdot \begin{pmatrix} 2 \\ 0 \\ 2 \end{pmatrix} \Leftrightarrow \begin{matrix} 1 = 4 - 4\sigma + 2\tau \\ 3 = 3 - 4\sigma + 0\tau \\ 5 = 1 + 0\sigma + 2\tau \end{matrix} \Leftrightarrow \begin{matrix} 1 = 8 \\ \sigma = 0 \\ \tau = 2. \end{matrix}$$

Es gibt kein Paar reeller Zahlen, das alle drei Gleichungen erfüllt. D.h., A liegt nicht in E_2, also sind E_1 und E_2 echt parallel.

◆ **Die Gleichungen beider Ebenen sind in Normalenform gegeben.**

SATZ

◆ Zwei Ebenen sind genau dann **parallel,** wenn ihre Normalenvektoren linear abhängig (kollinear) sind. (▶ S. 74)

◆ Die Ebenen sind genau dann **identisch,** wenn sich eine Ebenengleichung durch Multiplikation mit einer reellen Zahl in die andere Gleichung umformen lässt.

◆ Zwei Ebenen haben genau dann eine **Schnittgerade,** wenn ihre Normalenvektoren linear unabhängig sind.

◆ Zwei Ebenen sind genau dann zueinander **senkrecht (orthogonal),** wenn ihre Normalenvektoren orthogonal sind.

BEISPIEL

$E_1: n_1 \cdot x_1 + n_2 \cdot x_2 + n_3 \cdot x_3 + n_0 = 0$
$E_2: m_1 \cdot x_1 + m_2 \cdot x_2 + m_3 \cdot x_3 + m_0 = 0$
$E_1: x_1 - x_2 + x_3 + 1 = 0;\ E_2: x_1 + 2x_2 - x_3 - 5 = 0$

Untersuchung der Normalenvektoren auf lineare Abhängigkeit:

$$\begin{pmatrix} 1 \\ -1 \\ 1 \end{pmatrix} = \lambda \cdot \begin{pmatrix} 1 \\ 2 \\ -1 \end{pmatrix} \Leftrightarrow \begin{matrix} 1 = \lambda \\ -1 = 2\lambda \\ 1 = -\lambda \end{matrix} \Leftrightarrow \begin{matrix} \lambda = 1 \\ \lambda = -0{,}5 \\ \lambda = -1 \end{matrix}$$

d. h., die Normalenvektoren sind linear unabhängig.
E_1 und E_2 besitzen also eine Schnittgerade.
Untersuchung von $\vec{n}$ und $\vec{m}$ auf Orthogonalität: (▶ S. 87 f.)

$$\begin{pmatrix} 1 \\ -1 \\ 1 \end{pmatrix} \circ \begin{pmatrix} 1 \\ 2 \\ -1 \end{pmatrix} = 1 \cdot 1 + (-1) \cdot 2 + 1 \cdot (-1) = -2 \neq 0$$

E_1 und E_2 sind nicht zueinander senkrecht.

◆ Eine Gleichung der beiden Ebenen ist in Koordinatenform, die andere in Parameterform gegeben.

SATZ

◆ Die Ebenen sind genau dann ***parallel,*** wenn der Normalenvektor der einen Ebene orthogonal zu beiden Richtungsvektoren der anderen Ebene ist. (▸ S. 80 f.)

◆ Die Ebenen sind genau dann ***identisch,*** wenn zusätzlich ein Punkt der einen Ebene in der anderen Ebene liegt.

◆ Zwei Ebenen haben genau dann eine ***Schnittgerade,*** wenn der Normalenvektor der einen Ebene nicht orthogonal zu einem Richtungsvektor der anderen Ebene ist.

◆ Zwei Ebenen sind genau dann zueinander ***senkrecht (orthogonal),*** wenn der Normalenvektor der einen Ebene und die Richtungsvektoren der anderen Ebene linear abhängig (komplanar) sind. (▸ S. 75)

BEISPIEL

$E_1: n_1 \cdot x_1 + n_2 \cdot x_2 + n_3 \cdot x_3 + n_0 = 0$
$E_1: 3x_1 + 2x_2 + 3x_3 - 2 = 0$
$E_2: \vec{x} = \vec{a} + \lambda \cdot \vec{u} + \mu \cdot \vec{v}, \lambda, \mu \in \mathbb{R},$
$E_2: \begin{pmatrix} x_1 \\ x_2 \\ x_3 \end{pmatrix} = \begin{pmatrix} 3 \\ 1,5 \\ 0 \end{pmatrix} + \lambda \cdot \begin{pmatrix} -1 \\ -1,5 \\ 2 \end{pmatrix} + \mu \cdot \begin{pmatrix} -3 \\ 3 \\ 1 \end{pmatrix}, \lambda, \mu \in \mathbb{R}.$

Untersuchung von $\vec{u}$ und $\vec{n}$ bzw. $\vec{v}$ und $\vec{n}$ auf Orthogonalität: (▸ S. 87 f.)

$$\vec{u} \circ \vec{n} = \begin{pmatrix} -1 \\ -1,5 \\ 2 \end{pmatrix} \circ \begin{pmatrix} 3 \\ 2 \\ 3 \end{pmatrix} = 0, \vec{v} \circ \vec{n} = \begin{pmatrix} -3 \\ 3 \\ 1 \end{pmatrix} \circ \begin{pmatrix} 3 \\ 2 \\ 3 \end{pmatrix} = 0$$

Sowohl $\vec{u}$ und $\vec{n}$ als auch $\vec{v}$ und $\vec{n}$ sind orthogonal.
E_1 und E_2 sind also parallel.
Untersuchung auf Identität (Liegt A (3|1,5|0) in E_1?):
$3 \cdot 3 + 2 \cdot 1,5 + 3 \cdot 0 - 2 = 0 \Leftrightarrow 10 = 0$; falsche Aussage, d. h., A liegt nicht in E_1.

E_1 und E_2 sind echt parallel.

Schnitte mit Ebenen

Schnitte von Gerade und Ebene

Zur Schnittpunktsbestimmung wird ein Gleichungssystem gelöst, das aus den beiden Gleichungen gebildet wird.

◆ Besitzt das Gleichungssystem keine Lösung, so sind Gerade und Ebene echt parallel.

◆ Gibt es genau eine Lösung, so liefert sie den Schnittpunkt.

◆ Gibt es unendlich viele Lösungen, so liegt die Gerade in der Ebene.

◆ **Die Gleichung der Ebene ist in Parameterform gegeben.**

▌BEACHTE Zur Schnittpunktsbestimmung werden der allgemeine Geradenpunkt und der allgemeine Ebenenpunkt gleichgesetzt.

BEISPIEL

$g: \vec{x} = \vec{a} + \lambda \cdot \vec{u}, \lambda \in \mathbb{R}$, und
$E: \vec{x} = \vec{b} + \mu \cdot \vec{v} + \sigma \cdot \vec{w}, \mu, \sigma \in \mathbb{R}$

$$g: \begin{pmatrix} x_1 \\ x_2 \\ x_3 \end{pmatrix} = \begin{pmatrix} 3 \\ 0 \\ 1 \end{pmatrix} + \lambda \cdot \begin{pmatrix} 4 \\ -1 \\ 2 \end{pmatrix}, \lambda \in \mathbb{R}$$

$$E: \begin{pmatrix} x_1 \\ x_2 \\ x_3 \end{pmatrix} = \begin{pmatrix} 2 \\ 1 \\ -1 \end{pmatrix} + \mu \cdot \begin{pmatrix} 1 \\ -1 \\ -1 \end{pmatrix} + \sigma \cdot \begin{pmatrix} -3 \\ 1 \\ 4 \end{pmatrix}, \mu, \sigma \in \mathbb{R}$$

$$g \cap E: \begin{pmatrix} 3 \\ 0 \\ 1 \end{pmatrix} + \lambda \cdot \begin{pmatrix} 4 \\ -1 \\ 2 \end{pmatrix} = \begin{pmatrix} 2 \\ 1 \\ -1 \end{pmatrix} + \mu \cdot \begin{pmatrix} 1 \\ -1 \\ -1 \end{pmatrix} + \sigma \cdot \begin{pmatrix} -3 \\ 1 \\ 4 \end{pmatrix} \Leftrightarrow$$

$$\lambda \cdot \begin{pmatrix} 4 \\ -1 \\ 2 \end{pmatrix} - \mu \cdot \begin{pmatrix} 1 \\ -1 \\ -1 \end{pmatrix} - \sigma \cdot \begin{pmatrix} -3 \\ 1 \\ 4 \end{pmatrix} = \begin{pmatrix} 2 \\ 1 \\ -1 \end{pmatrix} - \begin{pmatrix} 3 \\ 0 \\ 1 \end{pmatrix} \Leftrightarrow$$

$$\begin{array}{ll} 4\lambda - \mu + 3\sigma = -1 & \lambda = -0{,}4 \\ -\lambda + \mu - \sigma = 1 \Leftrightarrow & \mu = 1{,}2 \qquad \text{(Beispiel ▶ S.67)} \\ 2\lambda + \mu - 4\sigma = -2 & \sigma = 0{,}6 \end{array}$$

▌AUGEN AUF! Man erhält die Koordinaten des Schnittpunktes S, indem man entweder $\lambda = -0{,}4$ in die Gleichung für g oder $\mu = 1{,}2$ und $\sigma = 0{,}6$ in die Gleichung für E einsetzt.

$$\begin{pmatrix} s_1 \\ s_2 \\ s_3 \end{pmatrix} = \begin{pmatrix} 3 \\ 0 \\ 1 \end{pmatrix} + (-0{,}4) \cdot \begin{pmatrix} 4 \\ -1 \\ 2 \end{pmatrix} = \begin{pmatrix} 1{,}4 \\ 0{,}4 \\ 0{,}2 \end{pmatrix} \text{ oder}$$

$$\begin{pmatrix} s_1 \\ s_2 \\ s_3 \end{pmatrix} = \begin{pmatrix} 2 \\ 1 \\ -1 \end{pmatrix} + 1{,}2 \cdot \begin{pmatrix} 1 \\ -1 \\ -1 \end{pmatrix} + 0{,}6 \cdot \begin{pmatrix} -3 \\ 1 \\ 4 \end{pmatrix} = \begin{pmatrix} 1{,}4 \\ 0{,}4 \\ 0{,}2 \end{pmatrix}$$

g und E haben den Schnittpunkt $S(1{,}4|0{,}4|0{,}2)$.

BEACHTE   Ist bekannt, dass g und E einen Schnittpunkt haben, genügt es, den Parameter λ der Geradengleichung zu bestimmen.

◆ **Die Gleichung der Ebene ist in Normalenform gegeben.**
Durch das Einsetzen der Koordinaten der Geradengleichung in die Normalenform der Ebenengleichung erhält man eine Gleichung, deren Lösung bestimmt wird.

BEISPIEL

$g: \vec{x} = \vec{a} + \lambda \cdot \vec{u}, \lambda \in \mathbb{R}$

$g: \begin{pmatrix} x_1 \\ x_2 \\ x_3 \end{pmatrix} = \begin{pmatrix} 4 \\ -4{,}5 \\ 2 \end{pmatrix} + \lambda \cdot \begin{pmatrix} 2 \\ -6 \\ 3 \end{pmatrix}, \lambda \in \mathbb{R}$

$E: n_1 \cdot x_1 + n_2 \cdot x_2 + n_3 \cdot x_3 + n_0 = 0$

$E: x_1 - 2 \cdot x_2 + 2 \cdot x_3 - 9 = 0$

$g \cap E: (4 + 2\lambda) - 2 \cdot (-4{,}5 - 6\lambda) + 2 \cdot (2 + 3\lambda) - 9 = 0 \Leftrightarrow$

$4 + 2\lambda + 9 + 12\lambda + 4 + 6\lambda - 9 = 0 \Leftrightarrow 20\lambda = -8 \Leftrightarrow \lambda = -0{,}4$

Setzt man $\lambda = -0{,}4$ in die Geradengleichung ein, erhält man die Koordinaten des Schnittpunktes S:

$\begin{pmatrix} s_1 \\ s_2 \\ s_3 \end{pmatrix} = \begin{pmatrix} 4 \\ -4{,}5 \\ 2 \end{pmatrix} + (-0{,}4) \cdot \begin{pmatrix} 2 \\ -6 \\ 3 \end{pmatrix} = \begin{pmatrix} 3{,}2 \\ -2{,}1 \\ 0{,}8 \end{pmatrix}; S(3{,}2|-2{,}1|0{,}8)$

Schnitte von Ebenen

Zur Bestimmung der Schnittgerade wird ein Gleichungssystem gelöst, das aus den beiden Ebenengleichungen gebildet wird.

◆ Besitzt das Gleichungssystem keine Lösung, so sind die Ebenen echt parallel.

◆ Gibt es unendlich viele Lösungen, so gibt es entweder eine Schnittgerade oder die Ebenen sind identisch. (▶ S. 174 f.)

◆ **Die Gleichungen der beiden Ebenen sind in Parameterform gegeben.**

BEACHTE   Durch das Verknüpfen der beiden Gleichungen erhält man ein Gleichungssystem (3 Gleichungen mit 4 Variablen). Existiert eine Schnittgerade, so liefert das Lösen des Gleichungssystems eine Beziehung zwischen den Parametern der einen Ebenengleichung. Das Einsetzen dieser Beziehung in die zugehörige Ebenengleichung liefert eine Gleichung der Schnittgeraden.

BEISPIEL

$E_1: \vec{x} = \vec{a} + \lambda \cdot \vec{u} + \mu \cdot \vec{v}, \lambda, \mu \in \mathbb{R}$

$E_2: \vec{x} = \vec{b} + \sigma \cdot \vec{w} + \tau \cdot \vec{z}, \sigma, \tau \in \mathbb{R}$

$$E_1: \begin{pmatrix} x_1 \\ x_2 \\ x_3 \end{pmatrix} = \begin{pmatrix} 1 \\ 0 \\ 1 \end{pmatrix} + \lambda \cdot \begin{pmatrix} 0 \\ 1 \\ 0 \end{pmatrix} + \mu \cdot \begin{pmatrix} 4 \\ 2 \\ 2 \end{pmatrix}, \lambda, \mu \in \mathbb{R}$$

$$E_2: \begin{pmatrix} x_1 \\ x_2 \\ x_3 \end{pmatrix} = \begin{pmatrix} 2 \\ 1 \\ 1 \end{pmatrix} + \sigma \cdot \begin{pmatrix} 1 \\ 1 \\ 1 \end{pmatrix} + \tau \cdot \begin{pmatrix} 1 \\ 0 \\ 1 \end{pmatrix}, \sigma, \tau \in \mathbb{R}$$

$$\det(\overrightarrow{u}, \overrightarrow{v}, \overrightarrow{w}) = \begin{vmatrix} 0 & 4 & 1 \\ 1 & 2 & 1 \\ 0 & 2 & 1 \end{vmatrix} = -2 \neq 0. \; (\blacktriangleright S.\,86 \text{ u. } S.\,112)$$

Die Richtungsvektoren $\overrightarrow{u}$, $\overrightarrow{v}$ und $\overrightarrow{w}$ sind linear unabhängig.
Also haben E_1 und E_2 eine Schnittgerade.

Bestimmung der Schnittgeraden

$$E_1 \cap E_2: \begin{pmatrix} 1 \\ 0 \\ 1 \end{pmatrix} + \lambda \cdot \begin{pmatrix} 0 \\ 1 \\ 0 \end{pmatrix} + \mu \cdot \begin{pmatrix} 4 \\ 2 \\ 2 \end{pmatrix} = \begin{pmatrix} 2 \\ 1 \\ 1 \end{pmatrix} + \sigma \cdot \begin{pmatrix} 1 \\ 1 \\ 1 \end{pmatrix} + \tau \cdot \begin{pmatrix} 1 \\ 0 \\ 1 \end{pmatrix}$$

Nach den drei linear unabhängigen Richtungsvektoren $\overrightarrow{u}$, $\overrightarrow{v}$ und $\overrightarrow{w}$ auflösen:

$$\lambda \cdot \begin{pmatrix} 0 \\ 1 \\ 0 \end{pmatrix} + \mu \cdot \begin{pmatrix} 4 \\ 2 \\ 2 \end{pmatrix} - \sigma \begin{pmatrix} 1 \\ 1 \\ 1 \end{pmatrix} = \begin{pmatrix} 2 \\ 1 \\ 1 \end{pmatrix} - \begin{pmatrix} 1 \\ 0 \\ 1 \end{pmatrix} + \tau \cdot \begin{pmatrix} 1 \\ 0 \\ 1 \end{pmatrix}$$

(I)	$4\mu - \sigma = 1 + \tau$	(I) − (III)	$2\mu = 1$	$\mu = 0{,}5$
(II)	$\lambda + 2\mu - \sigma = 1 \quad \Leftrightarrow$	(II)	$\lambda + 2\mu - \sigma = 1 \Leftrightarrow$	$\lambda - \sigma = 0$
(III)	$2\mu - \sigma = \tau$	(III)	$2\mu - \sigma = \tau$	$1 - \sigma = \tau$

Das Einsetzen von $\mu = 0{,}5$ in die Gleichung von E_1 bzw. von
$1 - \sigma = \tau$ in die Gleichung von E_2 liefert eine Gleichung
der Schnittgeraden g:

$$g: \begin{pmatrix} x_1 \\ x_2 \\ x_3 \end{pmatrix} = \begin{pmatrix} 1 \\ 0 \\ 1 \end{pmatrix} + \lambda \cdot \begin{pmatrix} 0 \\ 1 \\ 0 \end{pmatrix} + 0{,}5 \cdot \begin{pmatrix} 4 \\ 2 \\ 2 \end{pmatrix}, \lambda \in \mathbb{R}$$

$$g: \begin{pmatrix} x_1 \\ x_2 \\ x_3 \end{pmatrix} = \begin{pmatrix} 3 \\ 1 \\ 2 \end{pmatrix} + \lambda \cdot \begin{pmatrix} 0 \\ 1 \\ 0 \end{pmatrix}, \lambda \in \mathbb{R}$$

bzw.

$$g: \begin{pmatrix} x_1 \\ x_2 \\ x_3 \end{pmatrix} = \begin{pmatrix} 2 \\ 1 \\ 1 \end{pmatrix} + \sigma \cdot \begin{pmatrix} 1 \\ 1 \\ 1 \end{pmatrix} + (1 - \sigma) \cdot \begin{pmatrix} 1 \\ 0 \\ 1 \end{pmatrix}, \sigma \in \mathbb{R}$$

$$g: \begin{pmatrix} x_1 \\ x_2 \\ x_3 \end{pmatrix} = \begin{pmatrix} 3 \\ 1 \\ 2 \end{pmatrix} + \sigma \cdot \begin{pmatrix} 0 \\ 1 \\ 0 \end{pmatrix}, \sigma \in \mathbb{R}$$

◆ **Die Gleichung der einen Ebene ist in Parameterform gegeben, die der anderen Ebene in Normalenform.**

$\blacksquare$ **BEACHTE**   Man setzt die Koordinaten der Ebenengleichung in Parameterform in die Normalenform der anderen Ebenengleichung ein. Existiert eine Schnittgerade, so erhält man eine Beziehung zwischen den Parametern. Das Einsetzen dieser Beziehung in die zugehörige Ebenengleichung liefert eine Gleichung der Schnittgeraden.

BEISPIEL

$E_1: \vec{x} = \vec{a} + \lambda \cdot \vec{u} + \mu \cdot \vec{v}, \lambda, \mu \in \mathbb{R}$

$E_1: \begin{pmatrix} x_1 \\ x_2 \\ x_3 \end{pmatrix} = \begin{pmatrix} 1 \\ 0 \\ 1 \end{pmatrix} + \lambda \cdot \begin{pmatrix} 0 \\ 1 \\ 0 \end{pmatrix} + \mu \cdot \begin{pmatrix} 4 \\ 2 \\ 2 \end{pmatrix}, \lambda, \mu \in \mathbb{R}$

$E_2: n_1 \cdot x_1 + n_2 \cdot x_2 + n_3 \cdot x_3 + n_0 = 0$

$E_2: x_1 + 2 \cdot x_2 - x_3 - 5 = 0$

$E_1 \cap E_2: (1 + 0\lambda + 4\mu) + 2 \cdot (0 + 1\lambda + 2\mu) - (1 + 0\lambda + 2\mu) - 5 = 0 \Leftrightarrow$

$2\lambda + 6\mu - 5 = 0 \Leftrightarrow \lambda = -3\mu + 2,5$

Setzt man $\lambda = -3\mu + 2,5$ in die Gleichung von E_1 ein, so erhält man eine Gleichung der Schnittgeraden g:

$g: \begin{pmatrix} x_1 \\ x_2 \\ x_3 \end{pmatrix} = \begin{pmatrix} 1 \\ 0 \\ 1 \end{pmatrix} + (-3\mu + 2,5) \cdot \begin{pmatrix} 0 \\ 1 \\ 0 \end{pmatrix} + \mu \cdot \begin{pmatrix} 4 \\ 2 \\ 2 \end{pmatrix}, \mu \in \mathbb{R}$

$g: \begin{pmatrix} x_1 \\ x_2 \\ x_3 \end{pmatrix} = \begin{pmatrix} 1 \\ 2,5 \\ 1 \end{pmatrix} + \mu \cdot \begin{pmatrix} 4 \\ -1 \\ 2 \end{pmatrix}, \mu \in \mathbb{R}$

◆ **Die Gleichungen der beiden Ebenen sind in Normalenform gegeben.**

$E_1: n_1 \cdot x_1 + n_2 \cdot x_2 + n_3 \cdot x_3 + n_0 = 0$

$E_2: m_1 \cdot x_1 + m_2 \cdot x_2 + m_3 \cdot x_3 + m_0 = 0$

$E_1: x_1 - x_2 + x_3 + 1 = 0; E_2: x_1 + 2x_2 - x_3 - 5 = 0$

E_1 und E_2 besitzen eine Schnittgerade. (Beispiel $\blacktriangleright$ S. 117)

Bilde aus den beiden Ebenengleichungen und z. B. $x_1 = \lambda$ ein Gleichungssystem, setze in beiden Gleichungen $x_1 = \lambda$ und löse dann nach x_1, x_2 und x_3 auf:

(I) $x_1 = \lambda$ (I) $x_1 = \lambda$

(II) $x_1 - x_2 + x_3 + 1 = 0$ $\Leftrightarrow$ (II) + (III) $2 \cdot \lambda + x_2 - 4 = 0 \Leftrightarrow$

(III) $x_1 + 2 \cdot x_2 - x_3 - 5 = 0$ (III) $x_3 = \lambda + 2x_2 - 5$

$x_1 = \lambda$

$x_2 = 4 - 2 \cdot \lambda;$ $E_1 \cap E_2 = g: \begin{pmatrix} x_1 \\ x_2 \\ x_3 \end{pmatrix} = \begin{pmatrix} 0 \\ 4 \\ 3 \end{pmatrix} + \lambda \cdot \begin{pmatrix} 1 \\ -2 \\ -3 \end{pmatrix}, \lambda \in \mathbb{R}.$

$x_3 = 3 - 3 \cdot \lambda$

Oder: Ein Richtungsvektor der Schnittgeraden ist das Vektorprodukt (▶ S. 82) der beiden Normalenvektoren der Ebenen. Einen Punkt der Schnittgeraden erhält man z. B. durch den Schnitt entsprechender Spurgeraden (▶ S. 124) beider Ebenen.

Ansatz: $g: \vec{x} = \vec{a} + \lambda \cdot \vec{u}, \lambda \in \mathbb{R}$.

$$\vec{u} = \vec{n} \times \vec{m} = \begin{pmatrix} 1 \\ -1 \\ 1 \end{pmatrix} \times \begin{pmatrix} 1 \\ 2 \\ -1 \end{pmatrix} = \begin{pmatrix} -1 \cdot (-1) - 1 \cdot 2 \\ 1 \cdot 1 - 1 \cdot (-1) \\ 1 \cdot 2 - (-1) \cdot 1 \end{pmatrix} = \begin{pmatrix} -1 \\ 2 \\ 3 \end{pmatrix}$$

Spurgeraden von E_1 bzw. E_2 in der x_1-x_3-Ebene, d. h. $x_2 = 0$:

$g_1: x_1 + x_3 + 1 = 0$ bzw. $g_2: x_1 - x_3 - 5 = 0$

$$
\begin{array}{lll}
\text{(I)} \quad x_1 + x_3 + 1 = 0 & \text{(I)} + \text{(II)} \;\; 2x_1 - 4 = 0 & x_1 = \;\; 2 \\
\text{(II)} \quad x_1 - x_3 - 5 = 0 \;\Leftrightarrow\; & \text{(I)} - \text{(II)} \;\; 2x_3 + 6 = 0 \;\Leftrightarrow\; & x_3 = -3
\end{array}
$$

Der Schnittpunkt ist $A\,(2|0|{-}3)$.

$$g: \begin{pmatrix} x_1 \\ x_2 \\ x_3 \end{pmatrix} = \begin{pmatrix} 2 \\ 0 \\ -3 \end{pmatrix} + \lambda \cdot \begin{pmatrix} -1 \\ 2 \\ 3 \end{pmatrix}, \lambda \in \mathbb{R}$$

4

Thema: _____
Spurpunkte und Spurgeraden

> Ein Schnittpunkt einer Geraden mit einer Koordinatenebene heißt
> **_Spurpunkt._**

BEISPIEL $g: \begin{pmatrix} x_1 \\ x_2 \\ x_3 \end{pmatrix} = \begin{pmatrix} 1 \\ 1 \\ 4 \end{pmatrix} + \lambda \cdot \begin{pmatrix} 1 \\ -1 \\ -2 \end{pmatrix}, \lambda \in \mathbb{R}$

Bestimmung des Spurpunktes S_1 in der x_2-x_3-Ebene ($x_1 = 0$):
Einsetzen von $x_1 = 1 + \lambda$ in die Ebenengleichung $x_1 = 0$.
$1 + \lambda = 0 \Leftrightarrow \lambda = -1$. Den Punkt der Geraden g für den Parameter $\lambda = -1$
bestimmen: Spurpunkt $S_1(0|2|6)$.
Bestimmung des Spurpunktes S_2 in der x_1-x_3-Ebene ($x_2 = 0$):
$1 - \lambda = 0 \Leftrightarrow \lambda = 1$. Spurpunkt $S_2(2|0|2)$.
Bestimmung des Spurpunktes S_3 in der x_1-x_2-Ebene ($x_3 = 0$):
$4 - 2\lambda = 0 \Leftrightarrow \lambda = 2$. Spurpunkt $S_3(3|-1|0)$.

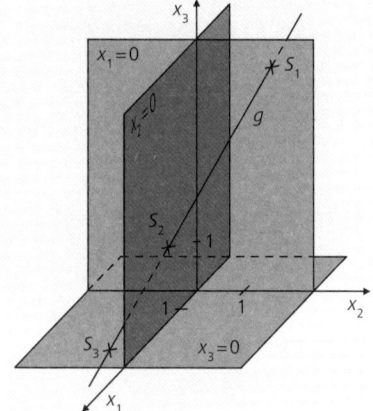

> Eine Schnittgerade einer Ebene mit einer Koordinatenebene heißt
> **Spurgerade.**

BEISPIEL

$$E: \begin{pmatrix} x_1 \\ x_2 \\ x_3 \end{pmatrix} = \begin{pmatrix} 3 \\ 1{,}5 \\ 0 \end{pmatrix} + \lambda \cdot \begin{pmatrix} 2 \\ 3 \\ -4 \end{pmatrix} + \mu \cdot \begin{pmatrix} -3 \\ 3 \\ 1 \end{pmatrix}, \lambda, \mu \in \mathbb{R}$$

Bestimmung der Spurgeraden g_{12} in der x_1-x_2-Ebene ($x_3 = 0$):

$-4\lambda + \mu = 0 \Leftrightarrow \mu = 4\lambda.$ (▶ S. 123)

Das Einsetzen von $\mu = 4\lambda$ in die Gleichung von E ergibt die Spurgerade g_{12}:

$$g_{12}: \begin{pmatrix} x_1 \\ x_2 \\ x_3 \end{pmatrix} = \begin{pmatrix} 3 \\ 1{,}5 \\ 0 \end{pmatrix} + \lambda \cdot \begin{pmatrix} 2 \\ 3 \\ -4 \end{pmatrix} + 4\lambda \cdot \begin{pmatrix} -3 \\ 3 \\ 1 \end{pmatrix}, \lambda \in \mathbb{R};$$

$$g_{12}: \begin{pmatrix} x_1 \\ x_2 \\ x_3 \end{pmatrix} = \begin{pmatrix} 3 \\ 1{,}5 \\ 0 \end{pmatrix} + \lambda \cdot \begin{pmatrix} -10 \\ 15 \\ 0 \end{pmatrix}, \lambda \in \mathbb{R}.$$

Bestimmung der Spurgeraden g_{23} in der x_2-x_3-Ebene ($x_1 = 0$):

$3 + 2\lambda - 3\mu = 0 \Leftrightarrow \lambda = -1{,}5 + 1{,}5\mu.$

$\lambda = -1{,}5 + 1{,}5\mu$ in die Gleichung von E einsetzen:

$$g_{23}: \begin{pmatrix} x_1 \\ x_2 \\ x_3 \end{pmatrix} = \begin{pmatrix} 0 \\ -3 \\ 6 \end{pmatrix} + \mu \cdot \begin{pmatrix} 0 \\ 7{,}5 \\ -5 \end{pmatrix}, \mu \in \mathbb{R}.$$

Genauso:

$$g_{13}: \begin{pmatrix} x_1 \\ x_2 \\ x_3 \end{pmatrix} = \begin{pmatrix} 2 \\ 0 \\ 2 \end{pmatrix} + \mu \cdot \begin{pmatrix} -5 \\ 0 \\ 5 \end{pmatrix}, \mu \in \mathbb{R}.$$

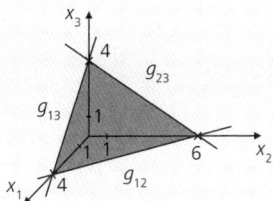

Schnittwinkel bei Ebenen

█ AUGEN AUF!   Für die Berechnung der Schnittwinkel müssen die Ebenengleichungen in Normalenform vorliegen. Andernfalls müssen sie vorher umgewandelt werden (▶ S. 105 f.).

Schnittwinkel zwischen Gerade und Ebene

$g: \vec{x} = \vec{a} + \lambda \cdot \vec{u}, \lambda \in \mathbb{R}$, und $E: \vec{n} \circ (\vec{x} - \vec{a}) = 0$

> Unter dem **Schnittwinkel** φ zwischen einer Geraden g und einer Ebene E versteht man den nicht stumpfen Winkel zwischen der Geraden und ihrer senkrechten Projektion g_E in der Ebene (▶ S. 89).

SATZ

Ist ψ der Winkel zwischen dem Richtungsvektor $\vec{u}$ der Geraden und dem Normalenvektor $\vec{n}$ der Ebene, so gilt für den Schnittwinkel φ:

$\varphi = 90° - \psi,$

mit $\cos \psi = \dfrac{|\vec{u} \circ \vec{n}|}{|\vec{u}| \cdot |\vec{n}|}$

und $\sin \varphi = \dfrac{|\vec{u} \circ \vec{n}|}{|\vec{u}| \cdot |\vec{n}|}$

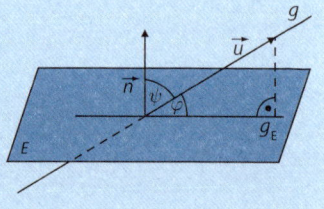

BEISPIEL

$g: \begin{pmatrix} x_1 \\ x_2 \\ x_3 \end{pmatrix} = \begin{pmatrix} -2 \\ 7 \\ 2 \end{pmatrix} + \lambda \cdot \begin{pmatrix} 3 \\ 2 \\ 1 \end{pmatrix}, \lambda \in \mathbb{R}; \; E: 2x_1 - 6x_2 + 3x_3 + 4 = 0$

$\sin \varphi = \dfrac{\left| \begin{pmatrix} 3 \\ 2 \\ 1 \end{pmatrix} \circ \begin{pmatrix} 2 \\ -6 \\ 3 \end{pmatrix} \right|}{\sqrt{3^2 + 2^2 + 1^2} \cdot \sqrt{2^2 + (-6)^2 + 3^2}} = \dfrac{3}{\sqrt{14 \cdot 49}}$

$\varphi = \sin^{-1} \dfrac{3}{7 \cdot \sqrt{14}} \approx 6{,}6°$

Schnittwinkel zwischen Ebenen

$E_1: \overrightarrow{n_1} \circ (\vec{x} - \vec{a}) = 0$
$E_2: \overrightarrow{n_2} \circ (\vec{x} - \vec{b}) = 0$

> Unter dem ***Schnittwinkel*** φ zwischen zwei verschiedenen Ebenen E_1 und E_2 versteht man den nicht stumpfen Winkel zwischen ihren Normalenvektoren $\overrightarrow{n_1}$ und $\overrightarrow{n_2}$.

SATZ

Für den Schnittwinkel φ der Ebenen E_1 und E_2 gilt:

$$\cos \varphi = \frac{|\overrightarrow{n_1} \circ \overrightarrow{n_2}|}{|\overrightarrow{n_1}| \cdot |\overrightarrow{n_2}|}$$

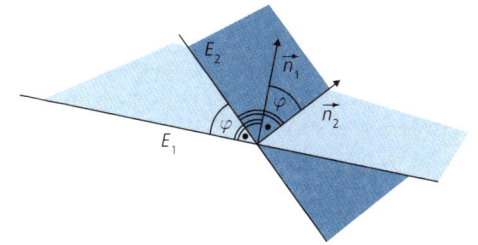

BEISPIEL

$E_1: 2x_1 - 6x_2 + 3x_3 + 4 = 0$ und
$E_2: 1{,}5x_1 - x_2 + 3x_3 - 1 = 0$

$$\cos \varphi = \frac{\begin{pmatrix} 2 \\ -6 \\ 3 \end{pmatrix} \circ \begin{pmatrix} 1{,}5 \\ -1 \\ 3 \end{pmatrix}}{\sqrt{2^2 + (-6)^2 + 3^2} \cdot \sqrt{1{,}5^2 + (-1)^2 + 3^2}} = \frac{18}{7 \cdot 3{,}5}$$

$\varphi = \cos^{-1} \dfrac{18}{7 \cdot 3{,}5} \approx 43°$

Thema: _____
Abstand von Ebenen

Abstand eines Punktes von einer Ebene

Der **Abstand** $d(P; E)$ eines
Punktes P von einer Ebene E
ist gleich dem Betrag des Verbindungsvektors $\overrightarrow{PF}$ vom
Punkt P zum Lotfußpunkt F
des Lotes von P auf E.

$$d(P; E) = |\overrightarrow{PF}|$$

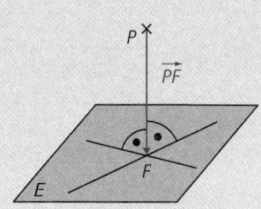

Abstand einer Geraden von einer parallelen Ebene

Der **Abstand** $d(g; E)$ einer
Geraden g von einer parallelen Ebene E ist gleich dem Abstand eines beliebigen Punktes P der Geraden von der
Ebene.

$$d(g; E) = d(P; E)$$

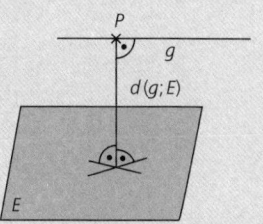

Abstand zweier paralleler Ebenen

Der Abstand $d(E_1; E_2)$ zweier
paralleler Ebenen E_1 und E_2
ist gleich dem Abstand eines
beliebigen Punktes P der einen Ebene E_1 von der anderen
Ebene E_2.

$$d(E_1; E_2) = d(P; E_2)$$

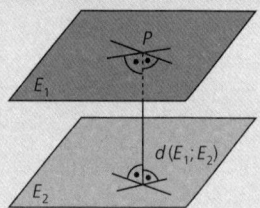

Abstandsberechnungen bei Punkt und Ebene

◆ **Die Gleichung der Ebene ist in Parameterform gegeben.**

BEACHTE Man erhält den Lotfußpunkt F, indem man die Lotgerade h zu E durch P mit der Ebene E zum Schnitt bringt. Ein Richtungsvektor $\vec{n}$ für die Lotgerade ist das Vektorprodukt (▶ S. 82) aus den Richtungsvektoren $\vec{u}$ und $\vec{v}$ der Ebene.

$h: \vec{x} = \vec{p} + \lambda \cdot (\vec{u} \times \vec{v}), \lambda \in \mathbb{R}$.

Ein Richtungsvektor $\vec{n}$ kann auch mit dem Skalarprodukt bestimmt werden: $\vec{n} \circ \vec{u} = 0$ und $\vec{n} \circ \vec{v} = 0$ (▶ S. 87 f.).

AUGEN AUF!

Einfacher ist es meist, die Ebenengleichung in Hesse'sche Normalform umzuwandeln (▶ S. 104 f.) und damit den Abstand zu bestimmen.

◆ **Die Gleichung der Ebene ist in Hesse'scher Normalform gegeben.**

HNF von $E: \vec{n}^0 \circ (\vec{x} - \vec{a}) = 0$ (mit $\vec{n}^0 \circ \vec{a} \geq 0$); $P(p_1 | p_2 | p_3)$.

$d_P = \vec{n}^0 \circ (\vec{p} - \vec{a}) = n_1^0 \cdot p_1 + n_2^0 \cdot p_2 + n_3^0 \cdot p_3 + n_0^0$

mit $n_0^0 = -n_1^0 \cdot a_1 - n_2^0 \cdot a_2 - n_3^0 \cdot a_3$ heißt ***gerichteter Abstand*** des Punktes P von der Ebene E.

SATZ

Ist $d_P > 0$, liegen P und der Ursprung auf verschiedenen Seiten von E.

Ist $d_P = 0$, liegt P in der Ebene E.

Ist $d_P < 0$, liegen P und der Ursprung auf derselben Seite von E.

BEISPIEL HNF von $E: \frac{1}{3}x_1 - \frac{2}{3}x_2 + \frac{2}{3}x_3 - 3 = 0$; $P(6|3|-3)$.

$d_P = \vec{n}^0 \circ (\vec{p} - \vec{a}) = n_1^0 \cdot p_1 + n_2^0 \cdot p_2 + n_3^0 \cdot p_3 + n_0^0 =$

$\frac{1}{3} \cdot 6 - \frac{2}{3} \cdot 3 + \frac{2}{3} \cdot (-3) - 3 = 2 - 2 - 2 - 3 = -5$; $d(P; E) = |d_P| = 5$.

P und der Ursprung liegen auf derselben Seite der Ebene E.

Thema: _____
Spiegelungen

Spiegelung eines Punktes P an einer Ebene E

Die Normale durch P zur Ebene E schneidet E im Lotfußpunkt F. Für den
Spiegelpunkt P' gilt dann:

$$\vec{p'} = \vec{p} + 2\,\overrightarrow{PF} \text{ oder } \vec{p'} = \vec{p} - 2\,d_p \cdot \vec{n}_0 \;(\blacktriangleright \text{S.}\,128\,\text{f.})$$

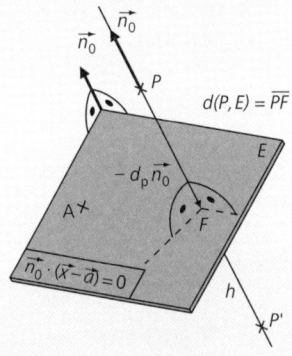

Spiegelung einer Geraden g an einer Ebene E

Die gespiegelte Gerade erhält man durch Spiegelung zweier Punkte der Geraden g an der Ebene E.

Ist die Gerade g parallel zur Ebene E, genügt es einen Punkt der Geraden zu
spiegeln, da die Richtung der gespiegelten Gerade gleich der Richtung von g
ist.

4.5 **Kreise und Kugeln**

Kreis- und Kugelgleichungen

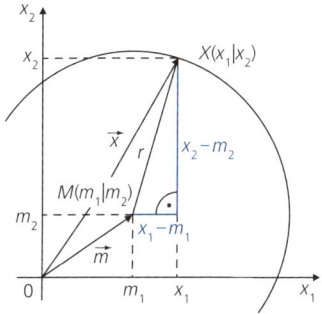

SATZ

Eine Gleichung des Kreises $k(M; r)$ um den Mittelpunkt $M(m_1|m_2)$ mit dem Radius $r \in \mathbb{R}^+$ lautet:

♦ in Vektorform: $(\vec{x} - \vec{m})^2 = r^2$;

♦ in Koordinatenform: $(x_1 - m_1)^2 + (x_2 - m_2)^2 = r^2$;

♦ in Parameterform: $\begin{cases} x_1 = m_1 + r \cdot \cos t \\ x_2 = m_2 + r \cdot \sin t \end{cases} \ (0 \le t < 2\pi).$

BEISPIEL

Kreis um den Mittelpunkt $M(4|-3)$ mit dem Radius 5.

♦ In Vektorform $\left(\vec{x} - \begin{pmatrix} 4 \\ -3 \end{pmatrix}\right)^2 = 5^2.$

♦ In Koordinatenform: $(x_1 - 4)^2 + (x_2 + 3)^2 = 5^2.$

♦ In Parameterform: $\begin{cases} x_1 = 4 + 5 \cdot \cos t \\ x_2 = -3 + 5 \cdot \sin t \end{cases} \qquad (0 \le t < 2\pi).$

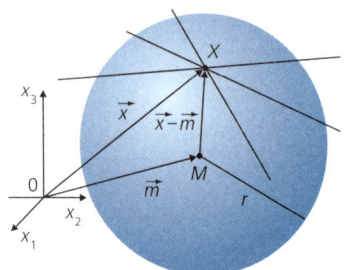

Eine Gleichung der Kugel $k(M; r)$ um den Mittelpunkt
$M(m_1 | m_2 | m_3)$ mit dem Radius $r \in \mathbb{R}^+$ lautet:
- in Vektorform: $(\vec{x} - \vec{m})^2 = r^2$
- in Koordinatenform: $(x_1 - m_1)^2 + (x_2 - m_2)^2 + (x_3 - m_3)^2 = r^2$
- in Parameterform: $\begin{cases} x_1 = m_1 + r \cdot \cos u \cdot \cos v \\ x_2 = m_2 + r \cdot \cos u \cdot \sin v \\ x_3 = m_3 + r \cdot \sin u \end{cases} \left(\begin{matrix} -\frac{\pi}{2} \le u \le \frac{\pi}{2} \\ 0 \le v < 2\pi \end{matrix} \right).$

BEISPIEL

Kugel um den Mittelpunkt $M(2 | -1 | 3)$ mit dem Radius 4.

- In Vektorform: $\left(\vec{x} - \begin{pmatrix} 2 \\ -1 \\ 3 \end{pmatrix} \right)^2 = 4^2.$

- In Koordinatenform: $(x_1 - 2)^2 + (x_2 + 1)^2 + (x_3 - 3)^2 = 4^2.$

- In Parameterform: $\begin{cases} x_1 = 2 + 4 \cdot \cos u \cdot \cos v \\ x_2 = -1 + 4 \cdot \cos u \cdot \sin v \\ x_3 = 3 + 4 \cdot \sin u. \end{cases} \left(\begin{matrix} -\frac{\pi}{2} \le u \le \frac{\pi}{2} \\ 0 \le v < 2\pi \end{matrix} \right)$

Thema:
Polar- und Kugelkoordinaten

Statt durch kartesische Koordinaten kann die Lage eines Punktes im Koordinatensystem auch durch den Abstand vom Ursprung und durch die Winkel, die sein Ortsvektor mit den Koordinatenachsen bildet, angegeben werden.

Im $\mathbb{R}^2$ heißen r und φ **Polarkoordinaten** des Punktes P.
$P(r|\varphi)$, $r \in \mathbb{R}_0^+$, und $\varphi \in [0°; 360°[$.

Für die *kartesischen Koordinaten* p_1 und p_2 des Punktes P gilt:
$p_1 = r \cdot \cos \varphi$
$p_2 = r \cdot \sin \varphi$

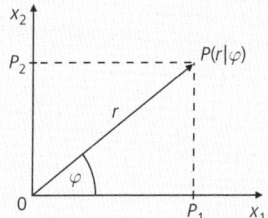

Im $\mathbb{R}^3$ heißen r, φ und ϑ **Kugelkoordinaten** des Punktes P.
$P(r|\varphi|\vartheta)$, $r \in \mathbb{R}_0^+$, $\varphi \in [0°; 360°[$ und $\vartheta \in [-90°; 90°]$.

Für die *kartesischen Koordinaten* p_1, p_2, p_3 des Punktes P gilt:
$p_1 = r \cdot \cos \vartheta \cdot \cos \varphi$
$p_2 = r \cdot \cos \vartheta \cdot \sin \varphi$
$p_3 = r \cdot \sin \vartheta$

Thema: _____
Lagebeziehungen von Kreis und Kugel

Ein Punkt P kann bezüglich eines Kreises im $\mathbb{R}^2$ bzw. einer Kugel im $\mathbb{R}^3$ mit dem Mittelpunkt M und dem Radius r

♦ außerhalb von $k(M;r)$ liegen $\left(\Leftrightarrow (\vec{p} - \vec{m})^2 - r^2 > 0\right)$,

♦ auf $k(M;r)$ liegen $\left(\Leftrightarrow (\vec{p} - \vec{m})^2 - r^2 = 0\right)$,

♦ innerhalb von $k(M;r)$ liegen $\left(\Leftrightarrow (\vec{p} - \vec{m})^2 - r^2 < 0\right)$.

Eine Gerade, die einen Kreis im $\mathbb{R}^2$ bzw. eine Kugel im $\mathbb{R}^3$

• in genau zwei Punkten schneidet, heißt **Sekante**.

• in genau einem Punkt berührt, heißt **Tangente**.

• in keinem Punkt schneidet, heißt **Passante**.

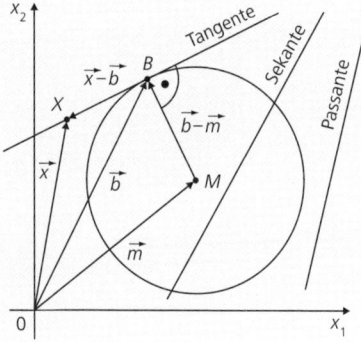

Gleichungen der **Tangente** im Punkt $B(b_1|b_2)$ an den Kreis $k(M;r)$ um den Mittelpunkt $M(m_1|m_2)$ mit dem Radius r sind:

$(\vec{b} - \vec{m}) \circ (\vec{x} - \vec{b}) = 0$ oder $(\vec{b} - \vec{m}) \circ (\vec{x} - \vec{m}) = r^2$,

$(b_1 - m_1)(x_1 - b_1) + (b_2 - m_2)(x_2 - b_2) = 0$ oder

$(b_1 - m_1)(x_1 - m_1) + (b_2 - m_2)(x_2 - m_2) = r^2$.

SATZ

Eine Ebene E kann eine Kugel $k(M; r)$ im $\mathbb{R}^3$

◆ in keinem Punkt schneiden ($d(M; E) > r$),

◆ in genau einem Punkt berühren ($d(M; E) = r$), die Ebene heißt dann
Tangentialebene an die Kugel,

◆ in genau einer Kreislinie schneiden ($d(M; E) < r$).

Der Mittelpunkt M' des Schnittkreises ist der Lotfußpunkt des Lotes von
M auf E, und für den Radius r' des Schnittkreises gilt:
$r' = \sqrt{r^2 - d(M; E)^2}$.

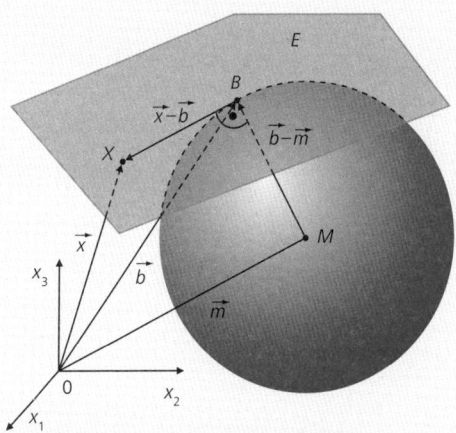

SATZ

Gleichungen der **Tangentialebene** im Punkt $B(b_1|b_2|b_3)$ an die Kugel $k(M; r)$
um den Mittelpunkt $M(m_1|m_2|m_3)$ mit dem Radius r sind in Vektorform:

$(\vec{b} - \vec{m}) \circ (\vec{x} - \vec{b}) = 0$ oder $(\vec{b} - \vec{m}) \circ (\vec{x} - \vec{m}) = r^2$

bzw.

$(b_1 - m_1)(x_1 - b_1) + (b_2 - m_2)(x_2 - b_2) + (b_3 - m_3)(x_3 - b_3) = 0$

$(b_1 - m_1)(x_1 - m_1) + (b_2 - m_2)(x_2 - m_2) + (b_3 - m_3)(x_3 - m_3) = r^2$.

4.6 **Matrizen**

Rechnen mit Matrizen

Eine (m, n)-Matrix
$$\begin{pmatrix} a_{11} & a_{12} & a_{13} & \cdots & a_{1n} \\ a_{21} & a_{22} & a_{23} & \cdots & a_{2n} \\ \vdots & \vdots & \vdots & & \vdots \\ a_{m1} & a_{m2} & a_{m3} & \cdots & a_{mn} \end{pmatrix}$$ besteht

aus m **Zeilenvektoren**
$$\begin{array}{l} (a_{11} \quad a_{12} \quad a_{13} \quad \cdots \quad a_{1n}), \\ (a_{21} \quad a_{22} \quad a_{23} \quad \cdots \quad a_{2n}), \\ \vdots \\ (a_{m1} \quad a_{m2} \quad a_{m3} \quad \cdots \quad a_{mn}) \end{array}$$

bzw. n **Spaltenvektoren**
$$\begin{pmatrix} a_{11} \\ a_{21} \\ \vdots \\ a_{m1} \end{pmatrix}, \begin{pmatrix} a_{12} \\ a_{22} \\ \vdots \\ a_{m2} \end{pmatrix}, \dots, \begin{pmatrix} a_{1n} \\ a_{2n} \\ \vdots \\ a_{mn} \end{pmatrix}.$$

Die Vektoren des $\mathbb{R}^2$ bzw. $\mathbb{R}^3$ sind Spaltenvektoren und können als $(2, 1)$- bzw. $(3, 1)$-Matrizen aufgefasst werden.

Man addiert bzw. subtrahiert zwei (m, n)-Matrizen, indem man die Elemente mit gleichen Indizes addiert bzw. subtrahiert.

$$\begin{pmatrix} a_{11} & a_{12} & \cdots & a_{1n} \\ a_{21} & a_{22} & \cdots & a_{2n} \\ \vdots & \vdots & \vdots & \vdots \\ a_{m1} & a_{m2} & \cdots & a_{mn} \end{pmatrix} \pm \begin{pmatrix} b_{11} & b_{12} & \cdots & b_{1n} \\ b_{21} & b_{22} & \cdots & b_{2n} \\ \vdots & \vdots & \vdots & \vdots \\ b_{m1} & b_{m2} & \cdots & b_{mn} \end{pmatrix} =$$

$$\begin{pmatrix} a_{11} \pm b_{11} & a_{12} \pm b_{12} & & a_{1n} \pm b_{1n} \\ a_{21} \pm b_{21} & a_{22} \pm b_{22} & \cdots & a_{2n} \pm b_{2n} \\ \vdots & \vdots & \vdots & \vdots \\ a_{m1} \pm b_{m1} & a_{m2} \pm b_{m2} & \cdots & a_{mn} \pm b_{mn} \end{pmatrix}$$

Für die Matrizenaddition gelten das Kommutativgesetz und das Assoziativgesetz.

Man multipliziert eine *(m, n)*-Matrix mit einer reellen Zahl *r*, indem man jedes Element mit der reellen Zahl multipliziert.

$$r \begin{pmatrix} a_{11} & a_{12} & \cdots & a_{1n} \\ a_{21} & a_{22} & \cdots & a_{2n} \\ \vdots & \vdots & \vdots & \vdots \\ a_{m1} & a_{m2} & \cdots & a_{mn} \end{pmatrix} = \begin{pmatrix} r\,a_{11} & r\,a_{12} & \cdots & r\,a_{1n} \\ r\,a_{21} & r\,a_{22} & \cdots & r\,a_{2n} \\ \vdots & \vdots & \vdots & \vdots \\ r\,a_{m1} & r\,a_{m2} & \cdots & r\,a_{mn} \end{pmatrix}$$

Für die Multiplikation einer Matix mit einer reellen Zahl gilt das Distributivgesetz.

Man multipliziert eine *(m, n)*-Matrix von *m* Zeilen und *n* Spalten mit einer *(n, p)*-Matrix von *n* Zeilen und *p* Spalten, indem man jeden Zeilenvektor der ersten Matrix mit jedem Spaltenvektor der zweiten Matrix skalar multipliziert. Man erhält als Ergebnis eine *(m, p)*-Matrix.

$$\begin{pmatrix} a_{11} & a_{12} & a_{13} & \cdots & a_{1n} \\ a_{21} & a_{22} & a_{23} & \cdots & a_{2n} \\ \vdots & \vdots & \vdots & \vdots & \vdots \\ a_{m1} & a_{m2} & a_{m3} & \cdots & a_{mn} \end{pmatrix} \begin{pmatrix} b_{11} & \cdots & b_{1p} \\ b_{21} & \cdots & b_{2p} \\ b_{31} & \cdots & b_{3p} \\ \vdots & \vdots & \vdots \\ b_{n1} & \cdots & b_{np} \end{pmatrix} = \begin{pmatrix} \displaystyle\sum_{j=1}^{n} a_{1j} b_{j1} & \cdots & \displaystyle\sum_{j=1}^{n} a_{1j} b_{jp} \\ \displaystyle\sum_{j=1}^{n} a_{2j} b_{j1} & \cdots & \displaystyle\sum_{j=1}^{n} a_{2j} b_{jp} \\ \vdots & & \vdots \\ \displaystyle\sum_{j=1}^{n} a_{mj} b_{j1} & \cdots & \displaystyle\sum_{j=1}^{n} a_{mj} b_{jp} \end{pmatrix}$$

Die Matrizenmultiplikation ist nicht kommutativ.

BEISPIEL

$$\begin{pmatrix} 2 & -1 \\ -0{,}5 & 1 \end{pmatrix} \begin{pmatrix} 5 \\ -4 \end{pmatrix} = \begin{pmatrix} 2 \cdot 5 + (-1) \cdot (-4) \\ -0{,}5 \cdot 5 + 1 \cdot (-4) \end{pmatrix} = \begin{pmatrix} 14 \\ -6{,}5 \end{pmatrix}$$

Eine *(n, n)*-Matrix kann potenziert werden.

BEISPIEL

$$\begin{pmatrix} 2 & -1 \\ 0 & 1 \end{pmatrix} \begin{pmatrix} 2 & -1 \\ 0 & 1 \end{pmatrix} = \begin{pmatrix} 2 \cdot 2 + (-1) \cdot 0 & 2 \cdot (-1) + (-1) \cdot 1 \\ 0 \cdot 2 + 1 \cdot 0 & 0 \cdot (-1) + 1 \cdot 1 \end{pmatrix} = \begin{pmatrix} 4 & -3 \\ 0 & 1 \end{pmatrix}$$

Thema: _____
Abbildungsmatrizen

Affine Abbildungen (Verschiebungen, Drehungen, Spiegelungen, zentrische Streckungen und Scherungen) sind durch eine Abbildungsgleichung gekennzeichnet, die einem Punkt X mit dem Ortsvektor $\vec{x}$ einen Bildpunkt X' mit dem Ortsvektor $\vec{x}'$ zuordnet: $\vec{x}' = A \cdot \vec{x} + \vec{v}$

> $A = \begin{pmatrix} a & c \\ b & d \end{pmatrix}$ heißt **Abbildungsmatrix** und $\vec{v} = \begin{pmatrix} e \\ f \end{pmatrix}$ heißt
> **Verschiebungsvektor.**

Abbildung		Matrix
Spiegelung an der Geraden mit der Gleichung $y = m \cdot x$ mit $m = \tan \varphi$.		$A = \begin{pmatrix} \cos 2\varphi & \sin 2\varphi \\ \sin 2\varphi & -\cos 2\varphi \end{pmatrix}$
Drehung um den Ursprung mit Drehwinkel φ.		$A = \begin{pmatrix} \cos \varphi & -\sin \varphi \\ \sin \varphi & \cos \varphi \end{pmatrix}$
Zentrische Streckung mit dem Ursprung als Zentrum und dem Faktor k $(k \neq 0)$.		$A = \begin{pmatrix} k & 0 \\ 0 & k \end{pmatrix}$
Scherung mit dem Scherungswinkel φ und der x-Achse als Scherungsachse.		$A = \begin{pmatrix} 1 & \tan \varphi \\ 0 & 1 \end{pmatrix}$

Thema: _____
Übergangsmatrizen

> Die Menge von Größen, die sich gegenseitig beeinflussen, heißt **System**.
> Die momentane Situation eines Systems wird mit einem **Zustandsvektor** beschrieben.

BEISPIEL
Jährliche Bevölkerungsentwicklung eines Landes aufgespaltet nach Kindern (unter 18 Jahren), Frauen und Männern.

Der Zustandsvektor $\vec{v_k} = \begin{pmatrix} K_k \\ F_k \\ M_k \end{pmatrix}$ gibt die Anzahl der Kinder, Frauen und

Männer im k-ten Jahr an. Die Veränderungen (Übergänge) im Zeitraum eines Jahres (Kinder werden erwachsen, Frauen bekommen Kinder, Sterbefälle treten auf) können in einem Pfeildiagramm veranschaulicht werden:

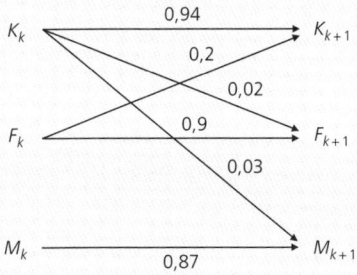

Lässt sich die gegenseitige Beeinflussung der Größen eines Systems durch ein lineares Gleichungssystem beschreiben, so können die gegenseitigen Abhängigkeiten in einer **Übergangsmatrix** zusammengefasst werden.
BEISPIEL (Fortsetzung)
$0{,}94\,K_k + 0{,}2\,F_k + \quad 0M_k = K_{k+1}$
$0{,}02\,K_k + 0{,}9\,F_k + \quad 0M_k = F_{k+1}$
$0{,}03\,K_k + \quad 0\,F_k + 0{,}87M_k = M_{k+1}$

Unter Verwendung der Matrixschreibweise:

$$\begin{pmatrix} K_{k+1} \\ F_{k+1} \\ M_{k+1} \end{pmatrix} = \begin{pmatrix} 0{,}94 & 0{,}2 & 0 \\ 0{,}02 & 0{,}9 & 0 \\ 0{,}03 & 0 & 0{,}87 \end{pmatrix} \begin{pmatrix} K_k \\ F_k \\ M_k \end{pmatrix}$$

$$A = \begin{pmatrix} 0{,}94 & 0{,}2 & 0 \\ 0{,}02 & 0{,}9 & 0 \\ 0{,}03 & 0 & 0{,}87 \end{pmatrix} \text{ ist dann die Übergangsmatrix.}$$

> Ein System heißt **geschlossen**, wenn keine äußeren Einflüsse auftreten, andernfalls heißt es **offen**.

Konstante äußere Einflüsse werden durch die Addition eines festen Vektors berücksichtigt.

BEISPIEL (Fortsetzung)

Nimmt man an, dass die jährliche Zuwanderung unabhängig von den systemimmanenten Größen ist, kann sie durch einen konstanten Vektor erfasst werden. Die jährliche Abwanderung ist abhängig von der Bevölkerungszahl und kann deshalb (wie die Sterbefälle) in der Übergangsmatrix berücksichtigt werden.

$$\begin{pmatrix} K_{k+1} \\ F_{k+1} \\ M_{k+1} \end{pmatrix} = \begin{pmatrix} 0{,}93 & 0{,}19 & 0 \\ 0{,}02 & 0{,}88 & 0 \\ 0{,}02 & 0 & 0{,}83 \end{pmatrix} \begin{pmatrix} K_k \\ F_k \\ M_k \end{pmatrix} + \begin{pmatrix} 0{,}05 \\ 0{,}06 \\ 0{,}08 \end{pmatrix}$$

> Sind Zustandsvektor $\vec{v_k}$, Übergangsmatrix A und konstanter Vektor $\vec{c}$ gegeben, so gilt für den neuen Zustandsvektor $\vec{v}_{k+1}$: $\vec{v}_{k+1} = A \cdot \vec{v_k} + \vec{c}$

Wahrscheinlichkeitsrechnung

5.1 Wahrscheinlichkeit

Zufallsexperimente

> Vorgänge, die unter stets gleichen Bedingungen beliebig oft wiederholbar sind und deren Ergebnisse nicht voraussagbar sind, heißen *Zufallsexperimente.* Die einmalige Ausführung eines Zufallsexperiments nennt man einen **Versuch.** Jedem Versuchsausgang lässt sich ein *Ergebnis ω* (Merkmalsausprägung) zuordnen.
> Die Menge aller Ergebnisse $\Omega = \{\omega_1, \omega_2, \dots, \omega_n\}$, $n \in \mathbb{N}$, heißt **Ergebnisraum** eines Zufallsexperiments. $|\Omega|$ ist die Anzahl der Elemente von Ω.

BEISPIELE

- Werfen eines Würfels und Feststellung der Augenzahl:
  $\Omega_1 = \{1, 2, 3, 4, 5, 6\}$; $|\Omega_1| = 6$.
- Werfen eines Würfels und Feststellung, ob 6 oder „Nicht-6" vorliegt:
  $\Omega_2 = \{6, \overline{6}\}$; $|\Omega_2| = 2$.
  (Die Negation wird durch Überstreichen gekennzeichnet.)
  $\Omega_1 = \{1, 2, 3, 4, 5, 6\}$ ist eine *Verfeinerung* von $\Omega_2 = \{6, \overline{6}\}$, und umgekehrt ist Ω_2 eine *Vergröberung* von Ω_1.
- Werfen zweier Würfel und Ermitteln der Augensumme:
  $\Omega = \{2, 3, 4, \dots, 12\}$; $|\Omega| = 11$.
- Roulette (▶ S. 145): $\Omega_1 = \{0, 1, 2, \dots, 36\}$; $|\Omega_1| = 37$,
  $\Omega_2 = \{\text{gerade, ungerade, } 0\}$; $|\Omega_2| = 3$,
  $\Omega_3 = \{\text{rot, schwarz, } 0\}$; $|\Omega_3| = 3$,
  $\{0, 1, 2, \dots, 36, \text{gerade, ungerade}\}$ ist **kein** Ergebnisraum.

> Setzt sich ein Zufallsexperiment aus mehreren einfachen Zufallsexperimenten zusammen, die in einer bestimmten Reihenfolge ablaufen, so heißt es *mehrstufiges Zufallsexperiment.* Zur Darstellung verwendet man häufig *Baumdiagramme.* Der Weg vom Start bis zu einem Endpunkt im Baumdiagramm heißt *Pfad.*

BEISPIELE
◆ **Ziehen aus einer Urne <u>mit</u> Zurücklegen**

Aus einer Urne mit 8 Kugeln, die sich nur in der Farbe unterscheiden (1 blaue, 3 rote, 4 schwarze), werden nacheinander zwei Kugeln gezogen. Jede Kugel wird nach dem Ziehen und Notieren der Farbe (b, r, s) als Teilergebnis in die Urne zurückgelegt und unter die anderen Kugeln gemischt. Damit ist der Inhalt der Urne bei jeder Ziehung gleich.

Baumdiagramm: Ergebnis:

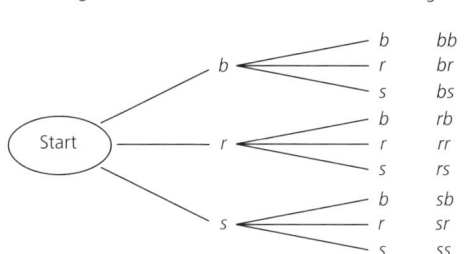

Ergebnisraum $\Omega_1 = \{bb, br, bs, rb, rr, rs, sb, sr, ss\}$.

AUGEN AUF!   Ohne Berücksichtigung der Reihenfolge erhält man als Vergröberung von Ω_1: $\Omega_2 = \{bb, br, bs, rr, rs, ss\}$.

◆ **Ziehen aus einer Urne <u>ohne</u> Zurücklegen**

Aus einer Urne mit 8 Kugeln, die sich nur in der Farbe unterscheiden (1 blaue, 3 rote, 4 schwarze), werden nacheinander zwei Kugeln gezogen und die Farbe (b, r, s) wird notiert
(Baumdiagramm ▶ S. 148).
Ergebnisraum $\Omega_1 = \{br, bs, rb, rr, rs, sb, sr, ss\}$.

AUGEN AUF!   Ohne Berücksichtigung der Reihenfolge oder beim gleichzeitigen Ziehen erhält man als Vergröberung von Ω_1: $\Omega_2 = \{br, bs, rr, rs, ss\}$.

SATZ

Bei einem n-stufigen Zufallsexperiment stellt jedes Ergebnis genau einen **Pfad** durch das Baumdiagramm vom Start bis zu einem Endpunkt dar und besteht aus den n Einzelergebnissen der n Teilexperimente. Man schreibt deshalb die Ergebnisse eines n-stufigen Zufallsexperiments als n-Tupel $(a_1; a_2; \ldots; a_n)$ oder kurz $a_1 a_2 \ldots a_n$, wobei a_i ($i \in \{1, 2, \ldots, n\}$) ein Ergebnis des i-ten Teilexperiments ist. Der Ergebnisraum Ω ist dann die Menge aller dieser n-Tupel.

BEISPIEL Dreimaliges Werfen einer Münze (▶ S. 154):
$\Omega_1 = \{KKK, KKZ, KZK, ZKK, KZZ, ZKZ, ZZK, ZZZ\}$.

Ereignisse

Beim Roulette (▶ S. 145) werden die Gewinnmöglichkeiten für die verschiedenen Setzmöglichkeiten durch Teilmengen des Ergebnisraums $\Omega = \{0, 1, 2, \dots 35, 36\}$ dargestellt, z. B. durch
$A = $ „Eine Zahl aus dem 2. Dutzend" $= \{13, 14, \dots, 23, 24\}$.
Liegt das Spielergebnis ω in der Menge A, so sagt man, das Ereignis A ist eingetreten.

> Jede Teilmenge A des Ergebnisraums Ω eines Zufallsexperiments heißt *Ereignis* (Kategorisierung). Das Ereignis A tritt genau dann ein, wenn ein Versuchsergebnis ω auftritt, das in A enthalten ist. Die Menge aller Ereignisse heißt *Ereignisraum* $\mathcal{P}(\Omega)$.

Der Ereignisraum $\mathcal{P}(\Omega)$ besteht aus 2^n Elementen, wenn der Ergebnisraum Ω n Elemente besitzt: $|\Omega| = n \Rightarrow |\mathcal{P}(\Omega)| = 2^n$.

> Die leere Menge $\{\,\}$ heißt *unmögliches Ereignis,* eine einelementige Menge $\{\omega\}$ nennt man *Elementarereignis* und der ganze Ergebnisraum Ω heißt *sicheres Ereignis.*
> $\overline{A}$ heißt *Gegenereignis* zum Ereignis A.

BEISPIELE
- Werfen einer Münze: $\Omega = \{K, Z\}$; $|\Omega| = 2$
  $\mathcal{P}(\Omega) = \{\{\,\}, \{K\}, \{Z\}, \Omega\}$; $|\mathcal{P}(\Omega)| = 2^2 = 4$
- Werfen eines Würfels: $\Omega = \{1, 2, 3, 4, 5, 6\}$; $|\Omega| = 6$

A = „Sechs"	$A = \{6\}$
$\overline{A}$ = „Nicht-6"	$\overline{A} = \{1, 2, 3, 4, 5\}$
B = „Gerade Augenzahl"	$B = \{2, 4, 6\}$
C = „Augenzahl 4"	$C = \{4\}$

  $|\mathcal{P}(\Omega)| = 2^6 = 64$ (Deshalb wird $\mathcal{P}(\Omega)$ nicht ausgeschrieben.)

5

Verknüpfung von Ereignissen

Sprechweisen	Mengen	Diagramm
Nicht das Ereignis A, Gegenereignis zu A	$\overline{A}$	
Ereignis A oder Ereignis B, mindestens eines der beiden Ereignisse	$A \cup B$	
Ereignis A und Ereignis B, beide Ereignisse	$A \cap B$	
Weder A noch B, keines der beiden Ereignisse	$\overline{A} \cap \overline{B} = \overline{A \cup B}$	
Nicht beide Ereignisse, höchstens eines der beiden Ereignisse	$\overline{A} \cup \overline{B} = \overline{A \cap B}$	
Entweder A oder B, genau eines von beiden Ereignissen	$(\overline{A} \cap B) \cup (A \cap \overline{B}) =$ $(A \cup B) \backslash (A \cap B)$	

Rechengesetze: Für A, B, $C \in \mathcal{P}(\Omega)$ gilt:

- $A \cap B = B \cap A$; $A \cup B = B \cup A$; Kommutativgesetze
- $(A \cap B) \cap C = A \cap (B \cap C)$; $(A \cup B) \cup C = A \cup (B \cup C)$; Assoziativgesetze
- $A \cap (B \cup C) = (A \cap B) \cup (A \cap C)$;
  $A \cup (B \cap C) = (A \cup B) \cap (A \cup C)$; Distributivgesetze
- $A \cup \{\} = A$; $A \cap \Omega = A$; Gesetze der neutralen Elemente
- $A \cap \{\} = \{\}$; $A \cup \Omega = \Omega$; Gesetze der dominanten Elemente
- $A \cup \overline{A} = \Omega$; $A \cap \overline{A} = \{\ \}$; $\overline{\overline{A}} = A$; Gesetze für das komplementäre Element
- $A \cup A = A$; $A \cap A = A$; Idempotenzgesetze
- $A \cup (A \cap B) = A$; $A \cap (A \cup B) = A$; Absorptionsgesetze
- $\overline{A \cup B} = \overline{A} \cap \overline{B}$; $\overline{A \cap B} = \overline{A} \cup \overline{B}$ *Gesetze von de Morgan.*

> Zwei Ereignisse A und B eines Ereignisraums $P(\Omega)$ heißen **unvereinbar** oder **disjunkt**, wenn $A \cap B = \{\ \}$, andernfalls heißen sie **vereinbar**.

Jedes Ereignis lässt sich als Vereinigung von Elementarereignissen schreiben:

$$A = \bigcup_{\omega \in A} \{\omega\}.$$

> Eine Menge $\{A_1, A_2, \ldots, A_k\}$ aus paarweise unvereinbaren Ereignissen mit $A_1 \cup A_2 \cup \ldots \cup A_k = \Omega$ heißt **Zerlegung** von Ω.

BEISPIEL   Ein Spieler setzt beim Roulette (▶ Abb. S. 143) je einen Chip auf Rot und auf gerade (Pair).
A = „Eine rote Zahl gewinnt." = {1, 3, 5, 7, 9, 12, 14, 16, 18, 19, 21, 23, 25, 27, 30, 32, 34, 36};
B = „Eine gerade Zahl gewinnt." = {2, 4, 6, …, 34, 36}.
C = „Keiner der beiden Chips gewinnt."
$C = \overline{A} \cap \overline{B} = \overline{A \cup B}$ = {0, 11, 13, 15, 17, 29, 31, 33, 35}

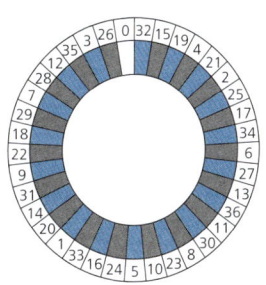

Häufigkeiten von Ereignissen

Tritt ein Ereignis A bei einer Folge von n Versuchen desselben Zufallsexperimentes genau k-mal ein, so heißt k die **absolute Häufigkeit** von A und $h_n(A) = \frac{k}{n}$ die **relative Häufigkeit** von A bei dieser Versuchsfolge.

Gesetz der großen Zahlen: Die relative Häufigkeit $h_n(A)$ eines Ereignisses A stabilisiert sich mit zunehmender Versuchszahl n um einen festen Wert.

Die Axiome von Kolmogorow

Es sei $\Omega = \{\omega_1, \omega_2, \ldots \omega_n\}$ ein Ergebnisraum, $\mathcal{P}(\Omega)$ der zugehörige Ereignisraum.

> Eine reellwertige Funktion P, die jedem Ereignis A aus dem Ereignisraum $P(\Omega)$ eine reelle Zahl zuordnet, heißt ***Wahrscheinlichkeitsverteilung,*** wenn die folgenden drei ***Axiome von Kolmogorow*** gelten:
> 1. $P(A) \geq 0$ (Nichtnegativität)
> 2. $P(\Omega) = 1$ (Normierung)
> 3. $(A, B \in P(\Omega) \wedge A \cap B = \{\}) \Rightarrow P(A \cup B) = P(A) + P(B)$ (Additivität)
>
> $P(A)$ nennt man ***Wahrscheinlichkeit*** von A und (Ω, P) heißt ***Wahrscheinlichkeitsraum.***

Durch Ω und P ist ein Zufallsexperiment eindeutig beschrieben. Zufallsexperimente mit gleichem Ω und P sind gleich.

Wahrscheinlichkeiten bei Laplace-Experimenten

> Sind bei einem Zufallsexperiment alle Elementarereignisse gleich wahrscheinlich, so nennt man es ***Laplace-Experiment.***

SATZ

Für die Wahrscheinlichkeit $P(A)$ des Ereignisses A eines Laplace-Experiments gilt:

$$P(A) = \frac{\text{Anzahl der für } A \text{ günstigen Ergebnisse}}{\text{Anzahl aller möglichen Ergebnisse}} = \frac{|A|}{|\Omega|}$$

Ein Ergebnis $\omega_i \in \Omega$ ist für ein Ereignis A günstig, falls $\omega_i \in A$.

5.2 Berechnung von Wahrscheinlichkeiten

Rechenregeln für Wahrscheinlichkeiten

Aus den Axiomen von Kolmogorow (▶ S. 146) ergeben sich folgende Rechenregeln für Wahrscheinlichkeiten:

1. $A \subset \Omega \Rightarrow P(\overline{A}) = 1 - P(A)$; insbesondere $P(\{\,\}) = 0$
2. $A \subset B \subset \Omega \Rightarrow P(A) \leq P(B)$; (Monotoniegesetz)
3. $A \subset \Omega \Rightarrow 0 \leq P(A) \leq 1$; insbesondere: $0 \leq P(\{\omega_i\}) \leq 1$
4. $A, B \subset \Omega \Rightarrow P(A \cup B) = P(A) + P(B) - P(A \cap B)$; (*Additionssatz*)
5. $A_1, A_2, \ldots, A_k \subset \Omega$ paarweise disjunkt $\Rightarrow$
   $P(A_1 \cup A_2 \cup \ldots \cup A_k) = P(A_1) + P(A_2) + \ldots + P(A_k)$
   $$= \sum_{i=1}^{k} P(A_i); \text{ (\textbf{\textit{Summenregel}})}$$
6. Ist $\{A_1, A_2, \ldots, A_k\}$ eine Zerlegung von Ω, so gilt:
   $P(A_1) + P(A_2) + \ldots + P(A_k) = 1$.

BEISPIELE

◆ Werfen eines Würfels:
  $A = $ „keine 6", $B = $ „gerade Augenzahl"

  $$P(A) = 1 - P(\{6\}) = 1 - \frac{1}{6} = \frac{5}{6} \text{ (nach 1.)}$$

  $$P(B) = P(\{2\}) + P(\{4\}) + P(\{6\}) = \frac{1}{6} + \frac{1}{6} + \frac{1}{6} = \frac{1}{2} \text{ (nach 5.)}$$

◆ Beim Roulette (▶ S. 145) setzt ein Spieler auf Rot und Pair.
  $A = $ „Rot gewinnt." $= \{1, 3, 5, 7, 9, 12, 14, 16, 18, 19, 21, 23, 25, 27, 30, 32, 34, 36\}$;
  $B = $ „Eine gerade Zahl gewinnt." $= \{2, 4, 6, \ldots, 34, 36\}$.
  Für die Wahrscheinlichkeit, dass er gewinnt, gilt (nach 4.):

  $$P(A \cup B) = P(A) + P(B) - P(A \cap B) = \frac{18}{37} + \frac{18}{37} - \frac{8}{37} = \frac{28}{37}.$$

Wahrscheinlichkeiten mehrstufiger Zufallsexperimente

BEISPIEL (▶ S. 142)

Zweimaliges Ziehen aus einer Urne ohne Zurücklegen. Aus einer Urne mit 8 Kugeln, die sich nur in der Farbe unterscheiden (1 blaue, 3 rote, 4 schwarze), werden nacheinander zwei Kugeln gezogen und die Farbe (b, r, s) wird notiert.

Baumdiagramm: Ergebnis:

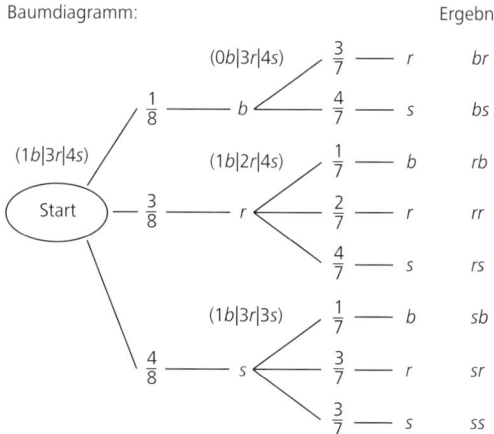

Im Baumdiagramm sind der jeweilige Urneninhalt und an den Ästen die bedingten Wahrscheinlichkeiten (▶ S. 151 f.) für das Ergebnis des jeweiligen Teilexperiments angegeben. Beim Ziehen <u>mit</u> Zurücklegen ändern sich die Wahrscheinlichkeiten auf den einzelnen Stufen nicht, da der Urneninhalt gleich bleibt.

█ AUGEN AUF!   Die Summe der Wahrscheinlichkeiten auf den Ästen, die von einem Verzweigungspunkt ausgehen, ist immer 1.

BEISPIEL   Für den 1. Verzweigungspunkt im vorigen Beispiel gilt:
$P(\{b\}) + P(\{r\}) + P(\{s\}) = \frac{1}{8} + \frac{3}{8} + \frac{4}{8} = 1$.

SATZ

1. Pfadregel
Die Wahrscheinlichkeit eines Elementarereignisses in einem mehrstufigen Zufallsexperiment ist gleich dem Produkt der Wahrscheinlichkeiten auf dem Pfad, der zu diesem Elementarereignis führt.

BEISPIELE
◆ Für das beschriebene Urnenexperiment gilt:

$P(\{br\}) = \frac{1}{8} \cdot \frac{3}{7} = \frac{3}{56}; P(\{rr\}) = \frac{3}{8} \cdot \frac{2}{7} = \frac{3}{28}$.

◆ Dreimaliges Werfen eines Würfels

$P(\text{„Dreimal keine Sechs“}) = \frac{5}{6} \cdot \frac{5}{6} \cdot \frac{5}{6} = \frac{125}{216} \approx 58\,\%$.

SATZ

2. Pfadregel
Die Wahrscheinlichkeit eines Ereignisses ist gleich der Summe der Wahrscheinlichkeiten der Pfade, die dieses Ereignis bilden.

BEISPIELE

◆ Im beschriebenen Urnenexperiment gilt für das Ereignis A = „Zwei gleichfarbige Kugeln werden gezogen.":

$$P(A) = P(\{rr\}) + P(\{ss\}) = \frac{3}{8} \cdot \frac{2}{7} + \frac{4}{8} \cdot \frac{3}{7} = \frac{3}{28} + \frac{3}{14} = \frac{9}{28}.$$

◆ Dreimaliges Werfen eines Würfels
$P(\text{„Genau eine Sechs"}) = P(\{6\overline{6}\,\overline{6}\}) + P(\{\overline{6}6\overline{6}\}) + P(\{\overline{6}\,\overline{6}6\}) =$

$$\frac{1}{6} \cdot \frac{5}{6} \cdot \frac{5}{6} + \frac{5}{6} \cdot \frac{1}{6} \cdot \frac{5}{6} + \frac{5}{6} \cdot \frac{5}{6} \cdot \frac{1}{6} = \frac{75}{216} \approx 35\,\%.$$

Berechnungen bei Laplace-Experimenten

Bei Laplace-Experimenten (▶ S. 146) gilt:

5

SATZ

$$P(A) = \frac{\text{Anzahl der für } A \text{ günstigen Ergebnisse}}{\text{Anzahl aller möglichen Ergebnisse}} = \frac{|A|}{|\Omega|}$$

$|A|$ und $|\Omega|$ werden mit kombinatorischen Hilfsmitteln bestimmt.

BEISPIELE

◆ A = „Genau fünf Richtige im Lotto"
Die Lotto-Ergebnisse (ohne Zusatzzahl) sind Kombinationen von 6 Zahlen ohne Wiederholung aus den 49 Zahlen 1 bis 49.

$$|\Omega| = K_{oW}(49;6) = \binom{49}{6} = \frac{49!}{6! \cdot (49-6)!} = 13\,983\,816$$

Es wurden fünf Zahlen der sechs gezogenen Zahlen richtig getippt und eine Zahl aus den 43 nicht gezogenen Zahlen.

$$|A| = \binom{6}{5} \cdot \binom{49-6}{6-5} = \binom{6}{5} \cdot \binom{43}{1} = 6 \cdot 43 = 258$$

$$P(A) = \frac{|A|}{|\Omega|} = \frac{258}{13\,983\,816} \approx 0{,}0018\,\%$$

◆ B = „Ein bestimmter Spieler bekommt vier Asse bei einem Kartenspiel mit 32 Karten und vier Spielern."
Es werden jeweils 8 Karten auf 4 Spieler verteilt.

$$|\Omega| = \binom{32}{8} \cdot \binom{24}{8} \cdot \binom{16}{8} \cdot \binom{8}{8} = \frac{32!}{(8!)^4}$$

Der bestimmte Spieler erhält die 4 Asse und 4 andere Karten.

$$|B| = \binom{4}{4} \cdot \binom{28}{4} \cdot \binom{24}{8} \cdot \binom{16}{8} \cdot \binom{8}{8} = \frac{28!}{4! \cdot (8!)^3}$$

$$P(B) = \frac{|B|}{|\Omega|} = \frac{28! \cdot (8!)^4}{4! \cdot (8!)^3 \cdot 32!} = \frac{5 \cdot 6 \cdot 7 \cdot 8}{29 \cdot 30 \cdot 31 \cdot 32} \approx 0,195\,\%$$

Urnenmodelle

Viele Zufallsexperimente entsprechen dem Ziehen aus einer Urne mit oder ohne Zurücklegen, wenn die Wahrscheinlichkeiten des Zufallsexperiments durch die Anzahl der Kugeln gleicher Merkmale wiedergegeben werden *(Urnenmodell)*.

Eine Urne enthalte N gleichartige Kugeln, die je nach Problemstellung mit verschiedenen Merkmalen (Farbe, Nummer usw.) versehen sind. Das Zufallsexperiment besteht darin, der Reihe nach n Kugel zu ziehen und deren Merkmale zu notieren. Ziehen ohne Zurücklegen und Ziehen mit Zurücklegen der gezogenen Kugel sind zu unterscheiden.

Ziehen ohne Zurücklegen (▸ S. 142)

BEISPIEL Eine Urne enthält 5 schwarze und 3 weiße gleichartige Kugeln. Es werden 6 Kugeln gezogen. Ω besteht aus allen 6-Teilmengen aus der Menge der acht Kugeln.

$$|\Omega| = K_{\text{oW}}(8;6) = \binom{8}{6} = \frac{8!}{6! \cdot (8-6)!} = 28$$

$A = $ „Es werden 4 schwarze und zwei weiße Kugeln gezogen."

$$|A| = \binom{5}{4} \cdot \binom{3}{2} = 5 \cdot 3 = 15$$

$$P(A) = \frac{|A|}{|\Omega|} = \frac{15}{28} \approx 53,6\,\%.$$

SATZ

Zieht man aus einer Urne, die N gleichartige Kugeln enthält, S schwarze und $N - S$ weiße, n Kugeln ohne Zurücklegen, so gilt für die Anzahl X der gezogenen schwarzen Kugeln:

$$P(X = s) = \frac{\binom{S}{s} \cdot \binom{N-S}{n-s}}{\binom{N}{n}} \quad \text{für } 0 \leq s \leq n.$$

Ziehen mit Zurücklegen (▶ S. 142 und ▶ S. 157).

BEISPIEL Eine Urne enthält 5 schwarze und 3 weiße gleichartige Kugeln. Es werden 6 Kugeln nacheinander gezogen. Jede gezogene Kugel wird nach dem Notieren der Farbe in die Urne zurückgelegt.

A = „Es werden 4 schwarze und zwei weiße Kugeln gezogen."

Bei jeder der 6 Ziehungen gilt:

P(„Die gezogene Kugel ist schwarz.") $= \dfrac{5}{8}$;

P(„Die gezogene Kugel ist weiß.") $= \dfrac{3}{8}$.

4 der 6 Ziehungen liefern eine schwarze Kugel.

Also gilt: $P(A) = \dbinom{6}{4} \cdot \left(\dfrac{5}{8}\right)^4 \cdot \left(\dfrac{3}{8}\right)^2 \approx 32{,}2\,\%$.

SATZ

Zieht man aus einer Urne, die N gleichartige Kugeln enthält, S schwarze und $N - S$ weiße, n Kugeln nacheinander mit Zurücklegen, so gilt für die Anzahl X der gezogenen schwarzen Kugeln:

$$P(X = s) = \binom{n}{s} \cdot \left(\frac{S}{N}\right)^s \cdot \left(\frac{N - S}{N}\right)^{n-s} \text{ für } 0 \leq s \leq n.$$

ANWENDUNGSBEISPIEL für das Urnenmodell:

Bei einer Losbude soll jedes 10. Los gewinnen. Ein Prüfer nimmt 10 Lose. Wie groß ist die Wahrscheinlichkeit dafür, dass mindestens ein Gewinnlos dabei ist?

Urnenmodell: 10 schwarze und 90 weiße Kugeln, 10 Kugeln werden ohne Zurücklegen gezogen. X ist die Anzahl der gezogenen schwarzen Kugeln (Gewinnlose).

$$P(X \geq 1) = 1 - P(X = 0) = 1 - \frac{\dbinom{10}{0} \cdot \dbinom{90}{10}}{\dbinom{100}{10}} \approx 67\,\%$$

Bedingte Wahrscheinlichkeit

In einer Klasse sind 18 Jungen und 12 Mädchen. 9 Jungen und 3 Mädchen sind Auswärtige. Betrachte die Ereignisse

A = „Schüler(in) ist auswärtig.", B = „Schüler(in) ist Junge."

$h(A) = \dfrac{12}{30} = 0{,}4$; $h(B) = \dfrac{18}{30} = 0{,}6$; $h(A \cap B) = \dfrac{9}{30} = 0{,}3$.

Die relative Häufigkeit der Jungen unter den Auswärtigen:

$h_A(B) = \dfrac{9}{12} = 0{,}75$. Dabei gilt: $h_A(B) = \dfrac{h(A \cap B)}{h(A)}$.

$h_A(B)$ heißt durch A **bedingte relative Häufigkeit** von B.
Sind A und B Ereignisse aus einem Ereignisraum $\mathcal{P}(\Omega)$ und P
eine Wahrscheinlichkeitsverteilung auf $\mathcal{P}(\Omega)$ mit $P(A) \neq 0$,

dann heißt $P_A(B) = \dfrac{P(A \cap B)}{P(A)}$ durch A **bedingte relative**

Wahrscheinlichkeit von B.

Somit erhalten die *Pfadregeln* (▶ S. 148 f.) folgende Form:

SATZ

1. **Allgemeiner Multiplikationssatz:** $P(A \cap B) = P(A) \cdot P_A(B)$
2. **Satz von der totalen Wahrscheinlichkeit:**
Ist $\{A_1, A_2, \ldots, A_k\}$ eine Zerlegung von Ω mit $P(A_i) \neq 0$ für alle i, so gilt für die Wahrscheinlichkeit eines Ereignisses B:

$$P(B) = \sum_{i=1}^{n} P(A_i) \cdot P_{A_i}(B).$$

BEISPIEL   (▶ S. 147 f.): Zweimaliges Ziehen ohne Zurücklegen.
Aus einer Urne mit 8 Kugeln (4 schwarze, 3 rote, 1 blaue, Unterschied nur in der Farbe) werden nacheinander 2 Kugeln gezogen.
A = „Blau beim 1. Ziehen", B = „Rot beim 2. Ziehen".
$P(A) = \dfrac{1}{8}, P_A(B) = \dfrac{3}{7}, P(A \cap B) = P(A) \cdot P_A(B) = \dfrac{1}{8} \cdot \dfrac{3}{7} = \dfrac{3}{56}$
$P(B) = P(\{b\}) \cdot P_{\{b\}}(\{r\}) + P(\{r\}) \cdot P_{\{r\}}(\{r\}) + P(\{s\}) \cdot P_{\{s\}}(\{r\}) =$
$\dfrac{1}{8} \cdot \dfrac{3}{7} + \dfrac{3}{8} \cdot \dfrac{2}{7} + \dfrac{1}{2} \cdot \dfrac{3}{7} = \dfrac{3}{56} + \dfrac{3}{28} + \dfrac{3}{14} = \dfrac{3}{8}$

Weitere Berechnungsformeln:

SATZ

Sind A und B Ereignisse mit $P(A) \neq 0$, $P(\overline{A}) \neq 0$ und $P(B) \neq 0$, so gilt:

1. $P_B(A) = \dfrac{P(A)}{P(B)} \cdot P_A(B)$;
2. $P_B(A) = \dfrac{P(A)}{P(A) \cdot P_A(B) + P(\overline{A}) \cdot P_{\overline{A}}(B)} \cdot P_A(B)$.

Ist $\{A_1, \ldots, A_k\}$ eine Zerlegung von Ω mit $P(A_i) \neq 0$ für alle i und B ein Ereignis mit $P(B) \neq 0$, so gilt für jedes A_i:

$$P_B(A_i) = \dfrac{P(A_i) \cdot P_{A_i}(B)}{\sum\limits_{i=1}^{n} P(A_i) \cdot P_{A_i}(B)} \quad \textbf{(Satz von Bayes)}.$$

Unabhängigkeit

> Zwei Ereignisse A und B heißen **unabhängig**, wenn gilt:
> $P(A \cap B) = P(A) \cdot P(B)$. Andernfalls heißen A und B **abhängig**.

Sind die Ereignisse A und B unabhängig, so sind auch die folgenden Ereignisse unabhängig: A und $\overline{B}$, $\overline{A}$ und B, $\overline{A}$ und $\overline{B}$.
Für zwei Ereignisse A und B mit $P(A)$, $P(B) > 0$ gilt:
A und B unabhängig $\Rightarrow$ A und B vereinbar;
A und B unvereinbar $\Rightarrow$ A und B abhängig.

BEISPIELE
- Zweimaliges Werfen eines Würfels. $|\Omega| = 36$.
  $A = $ „Gerade Augensumme", $B = $ „1. Augenzahl gerade".
  $P(A) = 0{,}5$, $P(B) = 0{,}5$, $P(A \cap B) = 0{,}25 = P(A) \cdot P(B)$.
  A und B sind also unabhängig.
- Dreimaliges Werfen einer Münze. $|\Omega| = 8$.
  $A = $ „Mindestens einmal Kopf", $B = $ „Höchstens einmal Zahl".
  $P(A) = \frac{7}{8}$; $P(B) = \frac{1}{2}$; $P(A \cap B) = \frac{4}{8} \neq P(A) \cdot P(B)$.
  A und B sind also abhängig.

5.3 Zufallsgrößen

Grundbegriffe

Die Grundbegriffe werden an einem Beispiel eingeführt.

BEISPIEL Ein Spieler wählt eine der Ziffern 1 bis 6 (z. B. 1) und wirft dann 3 Würfel. Für jeden Würfel, der seine gewählte Zahl zeigt, erhält er 1 Euro als Gewinn, fällt die gewählte Zahl nicht, verliert er 1 Euro.
Den Spieler interessieren nicht so sehr die Versuchsausgänge selbst, als vielmehr die zugeordneten Gewinne und deren Wahrscheinlichkeiten.

Ausgang	Keine 1	Einmal 1	Zweimal 1	Dreimal 1
Gewinn/ Verlust in Euro	−1	1	2	3
Wahrscheinlichkeit	$\frac{125}{216}$	$\frac{75}{216}$	$\frac{15}{216}$	$\frac{1}{216}$

> Eine Abbildung $X: \Omega \to \mathbb{R}$, die jedem Ergebnis eine reelle Zahl zuordnet, heißt *Zufallsgröße* oder *Zufallsvariable*.

Ist auf dem Ergebnisraum Ω mit der Wahrscheinlichkeitsverteilung P eine Zufallsgröße X definiert, die die Werte $x_1, \ldots, x_n$ annimmt, so schreibt man für die Ereignisse $\{\omega | X(\omega) = x_i\}$ kurz: $X = x_i$.

Die Abbildung $W: x_i \mapsto P(X = x_i)$ heißt dann *Wahrscheinlichkeitsverteilung* (*Wahrscheinlichkeitsfunktion*) der Zufallsgröße X.

Die Abbildung $F: x \mapsto P(X \leq x)$ mit $x \in \mathbb{R}$ heißt *Verteilungsfunktion* der Zufallsgröße X (▶ S. 155).

BEISPIEL   Eine Münze wird dreimal geworfen. (▶ S. 143).
Die Zufallsgröße X gibt an, wie oft Zahl fällt.

$$P(X = 0) = \frac{1}{8}, P(X = 1) = \frac{3}{8}, P(X = 2) = \frac{3}{8}, P(X = 3) = \frac{1}{8}$$

x	$]{-}\infty; 0[$	$[0; 1[$	$[1; 2[$	$[2; 3[$	$[3; \infty[$
$F(x) = P(X \leq x)$	0	$\frac{1}{8}$	$\frac{4}{8}$	$\frac{7}{8}$	1

Grafische Darstellung:

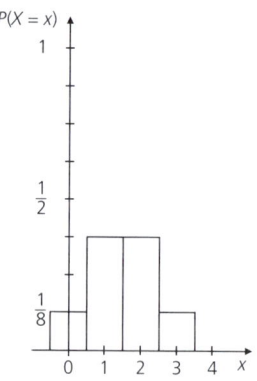 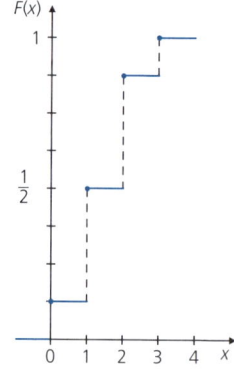

SATZ

Eigenschaften der Verteilungsfunktion F:

1. $F(x) = \sum\limits_{x_i \leq x} P(X = x_i)$ mit $x \in \mathbb{R}$ und x_i Werte von X
2. $P(X > a) = 1 - F(a)$ mit $a \in \mathbb{R}$
3. $P(a < X \leq b) = F(b) - F(a)$ mit $a, b \in \mathbb{R}$

Zwei Zufallsgrößen X und Y, die die Werte $x_1, \ldots, x_n$ bzw. $y_1, \ldots, y_n$ annehmen, heißen **unabhängig**, wenn für alle Paare $(x_i; y_j)$ gilt: $P(X = x_i \wedge Y = y_j) = P(X = x_i) \cdot P(Y = y_j)$.

Erwartungswert, Varianz, Standardabweichung

SATZ

Ist X eine Zufallsgröße, die die Werte $x_1, \ldots, x_n$ annimmt,

so heißt die reelle Zahl $E(X) = \sum\limits_{i=1}^{n} x_i \cdot P(X = x_i)$ **Erwartungswert**

der Zufallsgröße X. Statt $E(X)$ schreibt man oft μ.

BEISPIELE

◆ Werfen eines Würfels. X sei die geworfene Augenzahl.

$$\mu = E(X) = 1 \cdot \frac{1}{6} + 2 \cdot \frac{1}{6} + 3 \cdot \frac{1}{6} + 4 \cdot \frac{1}{6} + 5 \cdot \frac{1}{6} + 6 \cdot \frac{1}{6} = 3,5$$

◆ Dreimaliges Werfen einer Münze. (▶ S. 143 u. ▶ 154)
X sei die Zahl der Münzen, die Zahl zeigen.

$$\mu = E(X) = 0 \cdot \frac{1}{8} + 1 \cdot \frac{3}{8} + 2 \cdot \frac{3}{8} + 3 \cdot \frac{1}{8} = 1,5$$

Ist X eine Zufallsgröße, die die Werte $x_1, \ldots, x_n$ annimmt,

und $\mu = E(X)$, dann heißt die reelle Zahl

$$\text{Var}(X) = E((X - \mu)^2) = \sum\limits_{i=1}^{n} (x_i - \mu)^2 \cdot P(X = x_i)$$

Varianz von X oder **mittlere quadratische Abweichung**.
$\sigma(X) = \sqrt{\text{Var}(X)}$ heißt **Standardabweichung** von X oder Streuung von X.

SATZ

X, Y sind Zufallsgrößen, $a \in \mathbb{R}$

$X = a = \text{konstant} \Rightarrow E(X) = a$, $\text{Var}(X) = 0$

$E(X + Y) = E(X) + E(Y)$

$E(X + a) = E(X) + a$, $\text{Var}(X + a) = \text{Var}(X)$

$E(a \cdot X) = a \cdot E(X)$, $\text{Var}(a \cdot X) = a^2 \cdot \text{Var}(X)$

X, Y unabhängig $\Rightarrow E(X \cdot Y) = E(X) \cdot E(Y)$,

$\quad\quad\quad\quad\quad\quad\quad \text{Var}(X + Y) = \text{Var}(X) + \text{Var}(Y)$

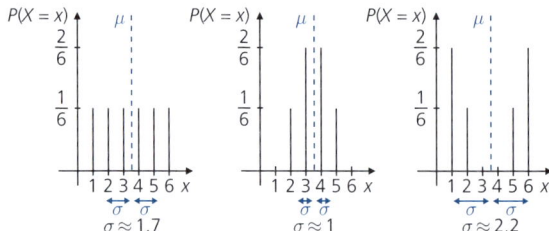

Eine Zufallsgröße mit Erwartungswert 0 und Varianz 1 heißt **normiert** oder **standardisiert**.

Die zu X gehörige standardisierte Zufallsgröße ist $Y = \dfrac{X - E(X)}{\sigma(X)}$.

5.4 Wahrscheinlichkeitsverteilungen

In diesem Kapitel wird die Binomialverteilung als Beispiel einer diskreten Verteilung und die Normalverteilung als Beispiel einer stetigen Verteilung behandelt.

Bernoulli-Kette

Ein Zufallsexperiment mit genau zwei Ergebnissen, Treffer (1) oder Niete (0), heißt **Bernoulli-Experiment.**

$\Omega = \{0, 1\}$, $P(\{1\}) = p$ heißt **Trefferwahrscheinlichkeit** oder **Parameter** des Bernoulli-Experimentes, $P(\{0\}) = q = 1 - p$.

BEISPIELE

Experiment	Treffer	Niete
Werfen eines Würfels	Sechs	Nicht Sechs
Qualitätsprüfung	Gut	Schlecht

> Eine Folge von n unabhängigen Bernoulli-Experimenten mit jeweils gleicher Trefferwahrscheinlichkeit p heißt *Bernoulli-Kette* der Länge n.

Der Ergebnisraum Ω einer Bernoulli-Kette ist die Menge aller n-Tupel aus der Menge $\{0, 1\}$. $\Omega = \{0, 1\}^n$, $|\Omega| = 2^n$.

BEISPIEL Sechsmaliges Ziehen mit Zurücklegen aus einer Urne, die 5 schwarze und 3 weiße Kugeln enthält (▶ S. 151).

Treffer „schwarz" und Niete „weiß". $|\Omega| = 2^6 = 64$, $p = \dfrac{5}{8}$.

Eine Bernoulli-Kette kann im Urnenmodell (▶ S. 150 f.) dargestellt werden, wenn das Verhältnis von schwarzen zu weißen Kugeln so ist, dass das Ziehen mit Zurücklegen bei einer schwarzen Kugel mit Wahrscheinlichkeit p erfolgt.

SATZ

Liefert die Zufallsgröße X die Anzahl der Treffer bei einer Bernoulli-Kette der Länge n mit Trefferwahrscheinlichkeit p, so gilt für die Wahrscheinlichkeit genau k Treffer zu erzielen:

$P(X = k) = \binom{n}{k} \cdot p^k \cdot (1 - p)^{n-k} = B_{n;p}(k)$ mit $0 \le k \le n$.

(Formel von Bernoulli)

(Binomialkoeffizient $\binom{n}{k} = \dfrac{n!}{(n-k)! \cdot k!}$ für $n, k \in \mathbb{N}_0$, $k \le n$)

Die Werte für $B_{n;p}(k)$ und die Werte der Summenwahrscheinlichkeiten $\displaystyle\sum_{i=0}^{k} B_{n;p}(i)$ findet man in Tabellen.

Thema: _____

Standardaufgaben zu Bernoulli-Ketten

BEISPIELE X sei die Anzahl der Treffer (Sechser).
Fünfmaliges Werfen eines Würfels: $\left(n = 5, p = \dfrac{1}{6} \right)$

◆ „**Genau** einmal 6":

$P(X = 1) = B_{5;\frac{1}{6}}(1) = \begin{pmatrix} 5 \\ 1 \end{pmatrix} \cdot \left(\dfrac{1}{6} \right)^{1} \cdot \left(\dfrac{5}{6} \right)^{4} \approx 40\,\%$

◆ „**Mindestens** zweimal 6":

$P(X \geq 2) = 1 - P(X \leq 1) = 1 - \displaystyle\sum_{k=0}^{1} B_{5;\frac{1}{6}}(k) \approx 1 - 0{,}80 = 20\,\%$

◆ „**Mindestens** zweimal **und höchstens** viermal 6":

$P(2 \leq X \leq 4) = P(X \leq 4) - P(X \leq 1) =$

$\displaystyle\sum_{k=0}^{4} B_{5;\frac{1}{6}}(k) - \sum_{k=0}^{1} B_{5;\frac{1}{6}}(k) \approx 0{,}999\,87 - 0{,}803\,76 \approx 19{,}6\,\%$

Der folgende Aufgabentyp heißt *Drei-Mindestens-Aufgabe*.

◆ Wie oft muss ein Würfel *mindestens* geworfen werden, damit die Wahrscheinlichkeit, dass *mindestens* einmal eine Sechs fällt, *mindestens* 95 % ist?

Es liegt eine Bernoulli-Kette der Länge n mit $p = \dfrac{1}{6}$ vor.

$P(\text{„Bei } n \text{ Würfen mindestens einmal 6"}) \geq 95\,\% \Leftrightarrow$

$1 - P(\text{„Bei } n \text{ Würfen keine 6"}) \geq 0{,}95 \Leftrightarrow$

$P(\text{„Bei } n \text{ Würfen keine 6"}) \leq 0{,}05 \Leftrightarrow$

$(1 - p)^{n} \leq 0{,}05 \Leftrightarrow \left(\dfrac{5}{6} \right)^{n} \leq 0{,}05 \Leftrightarrow$

$\ln \left(\dfrac{5}{6} \right)^{n} \leq \ln 0{,}05 \Leftrightarrow n \cdot \ln \left(\dfrac{5}{6} \right) \leq \ln 0{,}05 \Leftrightarrow n \geq \dfrac{\ln 0{,}05}{\ln \left(\dfrac{5}{6} \right)}$

$\Leftrightarrow n \geq 16{,}4\ldots \Rightarrow n_{\min} = 17.$

Man muss mindestens 17-mal werfen.

Binomialverteilung

Eine Zufallsgröße X mit der Wahrscheinlichkeitsverteilung

$B_{n;p} \colon k \mapsto P(X = k) = B_{n;p}(k) = \binom{n}{k} \cdot p^k \cdot (1-p)^{n-k}$ mit $n \in \mathbb{N}$,

$p \in [0; 1]$ und $k \in \{0; 1; \ldots; n\}$ heißt **binomialverteilt** nach $B_{n;p}$.

$B_{n;p}$ heißt **Binomialverteilung** (mit den Parametern n und p).

(Binomialkoeffizient $\binom{n}{k} = \dfrac{n!}{(n-k)! \cdot k!}$ für $n, k \in \mathbb{N}_0$, $k \le n$)

SATZ

Ist eine Zufallsgröße X binomialverteilt nach $B_{n;p}$, so gilt:

$E(X) = \mu = n \cdot p$; $\operatorname{Var}(X) = \sigma^2 = n \cdot p \cdot q$, $\sigma = \sqrt{n \cdot p \cdot q}$ und

$F \colon x \mapsto P(X \le x) = \sum\limits_{k=0}^{x} B_{n;p}(k)$ mit $x \in \mathbb{R}$ (▶ S. 154 f.).

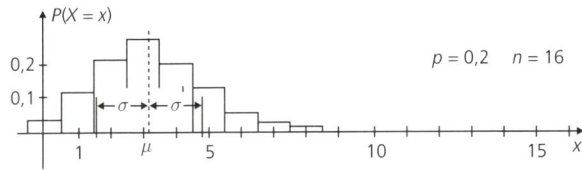

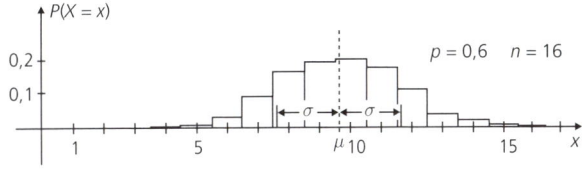

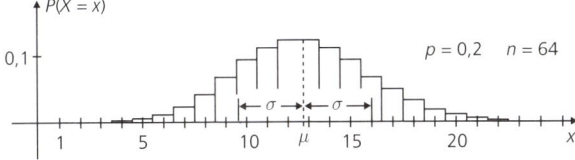

Ungleichungen von Tschebyschew

SATZ

Ist X eine Zufallsgröße mit der Wahrscheinlichkeitsverteilung P, so gelten für alle $a \in \mathbb{R}^+$ die Abschätzungen:

$$P(|X - E(X)| > a) < \frac{\sigma^2(X)}{a^2}; \qquad P(|X - E(X)| < a) \geq 1 - \frac{\sigma^2(X)}{a^2};$$

$$P(|X - E(X)| \geq a) \leq \frac{\sigma^2(X)}{a^2}; \qquad P(|X - E(X)| \leq a) > 1 - \frac{\sigma^2(X)}{a^2}.$$

Man erhält nur für $a > \sigma(X)$ vernünftige Abschätzungen.

BEISPIEL X ist die Abmessung eines Lineals in mm. Es gilt: $E(X) = 100$ und $\sigma(X) = 0,2$. Die Wahrscheinlichkeit, mit der X um mehr als $a = 0,4$ von 100 abweicht, lässt sich mit der Ungleichung von Tschebyschew abschätzen.

$$P(|X - 100| > 0,4) < \frac{0,2^2}{0,4^2} = 25\,\%$$

SATZ

Für den Erwartungswert und die Varianz der relativen Häufigkeit $\frac{X}{n}$ für „Treffer" bei n Versuchen folgt (▶ S. 162):

$$E\left(\frac{X}{n}\right) = \frac{1}{n} \cdot E(X) = \frac{1}{n} \cdot n \cdot p = p \text{ und}$$

$$\text{Var}\left(\frac{X}{n}\right) = \frac{1}{n^2} \cdot \text{Var}(X) = \frac{1}{n^2} \cdot n \cdot p \cdot q = \frac{p \cdot q}{n}.$$

Somit gilt für alle $\varepsilon \in \mathbb{R}^+$:

$$P\left(\left|\frac{X}{n} - p\right| > \varepsilon\right) < \frac{p \cdot q}{n \cdot \varepsilon^2}; \qquad P\left(\left|\frac{X}{n} - p\right| < \varepsilon\right) \geq 1 - \frac{p \cdot q}{n \cdot \varepsilon^2};$$

$$P\left(\left|\frac{X}{n} - p\right| \geq \varepsilon\right) \leq \frac{p \cdot q}{n \cdot \varepsilon^2}; \qquad P\left(\left|\frac{X}{n} - p\right| \leq \varepsilon\right) > 1 - \frac{p \cdot q}{n \cdot \varepsilon^2}.$$

Ist p unbekannt, verwendet man die Abschätzung $p \cdot q \leq \frac{1}{4}$.

Gesetz der großen Zahlen: Ist $h_n(A)$ die relative Häufigkeit eines Ereignisses A mit der Wahrscheinlichkeit $P(A) = p$ in einer Bernoulli-Kette der Länge n, so gilt für jedes $\varepsilon \in \mathbb{R}^+$:

$$\lim_{n \to \infty} P(|h_n(A) - p| < \varepsilon) = 1.$$

Normalverteilung

Die Funktion φ: $x \to \frac{1}{\sqrt{2\pi}} \cdot e^{-\frac{1}{2} \cdot x^2}$, $x \in \mathbb{R}$, heißt **Gauß-Funktion,**

ihr glockenförmiger Graph heißt **Gauß-Kurve.**

Die Funktion Φ: $x \to \int_{-\infty}^{x} \varphi(t)\mathrm{d}t = \frac{1}{\sqrt{2\pi}} \cdot \int_{-\infty}^{x} e^{-\frac{1}{2} \cdot t^2} \mathrm{d}t$, $x \in \mathbb{R}$,

heißt **Gauß'sche Integralfunktion** (▶ S. 58).

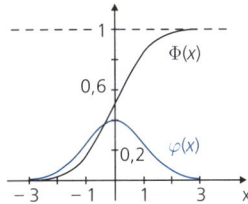

Die Werte der Funktionen φ und Φ findet man für verschiedene Werte von x in Tabellen. Es gilt für alle $x \in \mathbb{R}$:

$\varphi(-x) = \varphi(x)$;
$\Phi(-x) = 1 - \Phi(x)$.

Eine stetige Zufallsgröße X mit dem Erwartungswert μ und der Varianz σ^2 heißt **normalverteilt** nach $N_{\mu;\sigma}$, wenn

$N_{\mu;\sigma}$: $x \mapsto N_{\mu;\sigma}(x) = P(X \le x) = \Phi\left(\frac{x - \mu}{\sigma}\right)$ für alle $x \in \mathbb{R}$.

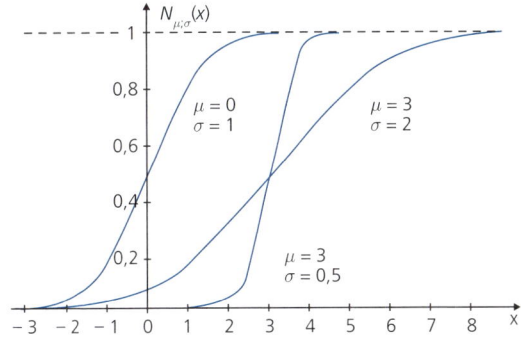

> **SATZ**
>
> Für die Binomialverteilung $B_{n;p}$ gilt:
>
> $$B_{n;p}(k) \approx \frac{1}{\sigma} \cdot \varphi\left(\frac{k-\mu}{\sigma}\right) = \frac{1}{\sigma \cdot \sqrt{2\pi}} \cdot e^{-\frac{1}{2} \cdot \left(\frac{k-\mu}{\sigma}\right)^2}$$
>
> mit $\mu = n \cdot p$ und $\sigma = \sqrt{n \cdot p \cdot q}$.
>
> **(Lokale Näherungsformel von de Moivre-Laplace)**
> Für $\sigma^2 = n \cdot p \cdot q > 9$ erhält man brauchbare Werte.

BEISPIEL $n = 100$, $p = 0,5$, $k = 60$. $\sigma^2 = n \cdot p \cdot q = 25 > 9$;

$\mu = n \cdot p = 50$ und $\sigma = \sqrt{n \cdot p \cdot q} = \sqrt{25} = 5$.

$B(100; 0,5; 60) \approx \frac{1}{5} \cdot \varphi\left(\frac{60-50}{5}\right) = \frac{1}{5 \cdot \sqrt{2\pi}} \cdot e^{-\frac{1}{2} \cdot \left(\frac{60-50}{5}\right)^2} \approx 0,010\,80$.

Der Tabellenwert: $B(100; 0,5; 60) = 0,010\,84$.

> **SATZ**
>
> Für eine $B_{n;p}$-verteilte Zufallsgröße X gilt für großes n:
>
> $$P(X \leq k) = \sum_{i=0}^{k} B_{n;p}(i) \approx \int_{-\infty}^{x} \varphi(t)dt = \Phi(x), \quad x = \frac{k + 0,5 - n \cdot p}{\sqrt{n \cdot p \cdot q}}.$$
>
> $$P(k_1 \leq X \leq k_2) = \sum_{i=k_1}^{k_2} B_{n;p}(i) \approx \int_{x_1}^{x_2} \varphi(t)dt = \Phi(x_2) - \Phi(x_1),$$
>
> wobei $x_1 = \dfrac{k_1 - 0,5 - n \cdot p}{\sqrt{n \cdot p \cdot q}}$; $x_2 = \dfrac{k_2 + 0,5 - n \cdot p}{\sqrt{n \cdot p \cdot q}}$.
>
> **(Globale Näherungsformel von de Moivre-Laplace)**
> Bei sehr großem n kann bei x_1 bzw. x_2 auf $-0,5$ bzw. $+0,5$ im Zähler verzichtet werden.

BEISPIEL

$n = 1000$, $p = 0,88$, $k_1 = 860$, $k_2 = 900$.

$\mu = n \cdot p = 880$ und $\sigma = \sqrt{n \cdot p \cdot q} = \sqrt{105,6} \approx 10,28$.

$x_1 = \dfrac{860 - 0,5 - 880}{\sqrt{105,6}} \approx -1,99$; $x_2 = \dfrac{900 + 0,5 - 880}{\sqrt{105,6}} \approx 1,99$.

$\displaystyle\sum_{k=860}^{900} B_{1000;0,88}(k) \approx \Phi(1,99) - \Phi(-1,99) = 2 \cdot \Phi(1,99) - 1$

$= 2 \cdot 0,976\,70 - 1 \approx 95,4\,\%$

BEACHTE Eine binomialverteilte Zufallsgröße ist für großes n näherungsweise normalverteilt.

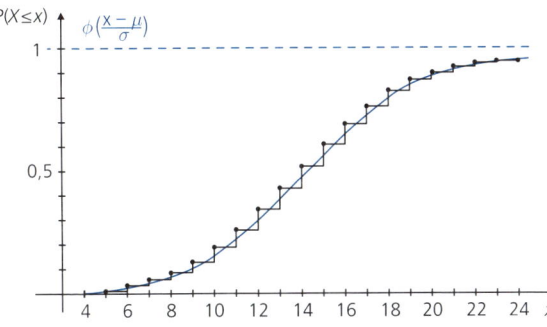

SATZ

Zentraler Grenzwertsatz: Ist eine Zufallsvariable X Summe von n unabhängigen Zufallsvariablen X_1, X_2, …, X_n mit Erwartungswerten μ_i und Varianzen $\mathrm{Var}(X_i)$, so gilt für hinreichend große Werte von n:

X ist annähernd normalverteilt, d. h. $P(X \leq x) \approx \Phi \left| \dfrac{x - \mu}{\sigma} \right|$,

wobei $\mu = E(X) = \displaystyle\sum_{i=1}^{n} \mu_i$ und $\sigma^2 = \mathrm{Var}(X) = \displaystyle\sum_{i=1}^{n} \mathrm{Var}(X_i)$.

5

Stichwortverzeichnis